JOÃO MARCELLO BÔSCOLI

Elis *e* Eu
11 anos, 6 meses e 19 dias com minha mãe

Planeta

Copyright © João Marcello Bôscoli, 2019
Copyright © Editora Planeta do Brasil, 2019
Todos os direitos reservados.

Edição de texto: Sérgio Ruiz
Preparação: Fernanda Guerriero Antunes
Revisão: Ronald Polito e Carmen T. S. Costa
Pesquisa iconográfica: Tempo Composto
Projeto Gráfico e Diagramação: Project Nine Editorial
Imagem de capa: Silvio Correia / Agência O Globo
Capa: Elmo Rosa e departamento de criação
    da Editora Planeta do Brasil

Créditos das fotos – Páginas: 12, 36, 41-42, 50, 68,78, 86 ©Arquivo pessoal. Pág.17 ©Foto de Arquivo / Agência O Globo; Pág.26 ©Editora Globo/ Agência O Globo; Pág.68 ©Foto Arquivo / Agência O Globo; Pág.100 ©Dario de Freitas /Abril Comunicações S.A.; Págs.108-109 ©HQ Henfil/ Gentilmente cedida por Ivan Cosenza de Souza; Pág.120 ©Sérgio Marques /CB/D.A Press; Pág.138 ©Silvio Correia / Agência O Globo e Pág.168 ©Dario de Freitas / Abril Comunicações S.A.

Dados Internacionais de Catalogação na Publicação (CIP)
Angélica Ilacqua CRB-8/7057

Bôscoli, João Marcello
    Elis e eu / João Marcello Bôscoli. -- São Paulo: Planeta do Brasil, 2019.
    200 p. : il.

ISBN: 978-85-422-1771-1

1. Não ficção 2. Bôscoli, João Marcello, 1970- Memórias 3. Regina, Elis, 1945-1982 4. Produtores de registros sonoros - Biografia I. Título

19-2043   CDD 927.8166

Índices para catálogo sistemático:
1. Não ficção - Bôscoli, João Marcello, 1970 - Memórias

2019
Todos os direitos desta edição reservados à
EDITORA PLANETA DO BRASIL LTDA.
Rua Bela Cintra 986, 4º andar – Consolação
São Paulo – SP CEP 01415-002
www.planetadelivros.com.br
faleconosco@editoraplaneta.com.br

*Aos amores
da minha vida,
Arthur e André.*

SUMÁRIO

PREFÁCIO 7
INTRODUÇÃO 13
"CANSEI DE SER A POLÍCIA DOS MEUS AMIGOS" 17
OS DIAS SEGUINTES 27
TEORIAS CONSPIRATÓRIAS 37
O AMOR IMPESSOAL 43
AS PRIMEIRAS LEMBRANÇAS 51
OS ANOS DE CHUMBO 61
A SERRA DA CANTAREIRA 69
FALTAVA MARIA 79
"TEM BOI NA LINHA, FILHO!" 87
RIO QUE MORA NO MAR 101
O PRIMEIRO MEDO DE PERDÊ-LA 111
SAUDADE DO BRASIL 121
A IMAGEM DO AMOR 139
1981: NOSSO ÚLTIMO ANO INTEIRINHO JUNTOS 147
OS DIAS DERRADEIROS 159
POSFÁCIO 169
O DIÁRIO DE ELIS REGINA 1978 175

PREFÁCIO

Meu coração apertou ao tomar conhecimento sobre o que se passou com o menino de 11 anos que perdeu sua mãe *superwoman superstar*. O mesmo garoto que foi me ver na cadeia, em 1976, de mãos dadas com ela, peitando os milicos para *in loco* saber como eu estava me saindo no xilindró. Ela, que eu imaginava me desprezar porque tinha uma banda de rock, foi a única pessoa a me visitar quando fui presa. Lendo a solidão na qual aquele rapazinho mergulhou logo após a morte da artista, percebo que, apesar de não vestir o papel da criança vítima, se eu tivesse sabido na época que ele iria perder o chão ao se ver praticamente sem família, eu o teria pegado para criar.

Os escritos dele me deixaram tocada, lembrando do susto que deve ter sido para ele (e para todo o Brasil) o súbito falecimento de Elis, a maior cantora de todos os tempos. O garoto fala em primeira pessoa sobre como conseguiu seguir a vida carregando em seu peito as consequências de sua tragédia pessoal, tornando-se um grande produtor, empreendedor e, agora, escritor – continuando, mesmo que indiretamente, na praia da mãe. O texto emociona ao descrever as memórias entre o menino sapeca e sua Mãe (sim, ele escreve sempre em maiúscula), os *insights* que ainda guarda na memória, pequenos detalhes que mostram Elis sendo uma educadora severa e ao mesmo tempo pra lá de amorosa, a pata orgulhosa de seus 3 patinhos.

Sempre achei Elis, como intérprete, uma ótima compositora; escolhia a dedo os autores, mas era ela quem dava vida às músicas. E aquela voz... De onde vinha aquela voz? Aquela voz, que podia cantar de ponta-cabeça sem desafinar nunca... Aquela voz, que emocionava o filho e todos que tiveram a sorte de estar à sua volta.

Obrigada por dividir comigo um pouco de sua vida íntima ao lado dela. Isso me deu um quentinho na alma, imaginando a mulher forte do palco sendo retratada como uma mãe atenta, inteligente e carinhosa. Posso dizer que eu também conheci seu lado protetor e amoroso quando ela me chamava de Maria Rita. Sim, Elis está orgulhosa de você, menino João Marcello.

                                                          Rita Lee

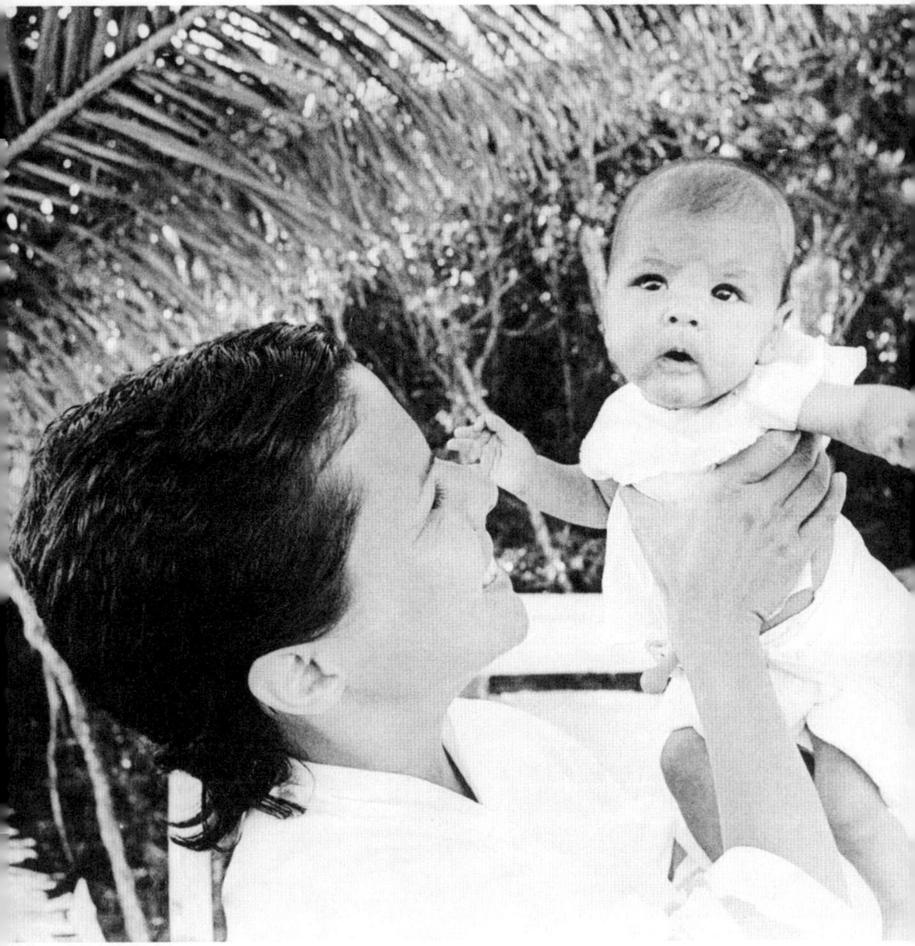

INTRODUÇÃO

INTRODUÇÃO

"Você se lembra da sua Mãe?"

Escuto essa pergunta há muitos anos, e quase sempre em situações corridas do dia a dia, sem muito espaço pra que eu possa responder. Resolvi, então, escrever e compartilhar tudo ao alcance da minha memória, como se cada leitor ou leitora fosse um amigo ou amiga com quem tenho intimidade e tempo. Não houve pesquisa externa, consultas biográficas ou conversas; apenas minhas lembranças. Dos primeiros anos há imagens, passagens, sensações. Com meu crescimento, vêm curtas-metragens mentais e diálogos mais longos.

Elis Regina é a parte pública da minha Mãe, uma de suas faces. Embora suas entrevistas e canções iluminem muitas coisas, o olhar de uma criança, de um filho, durante onze anos, seis meses e dezenove dias, pode revelar outros contornos da mulher que me deu a vida, daquela que é o amor da minha vida. E o amor, aprendi com ela, é a única força realmente transformadora. Amo ser filho da minha Mãe.

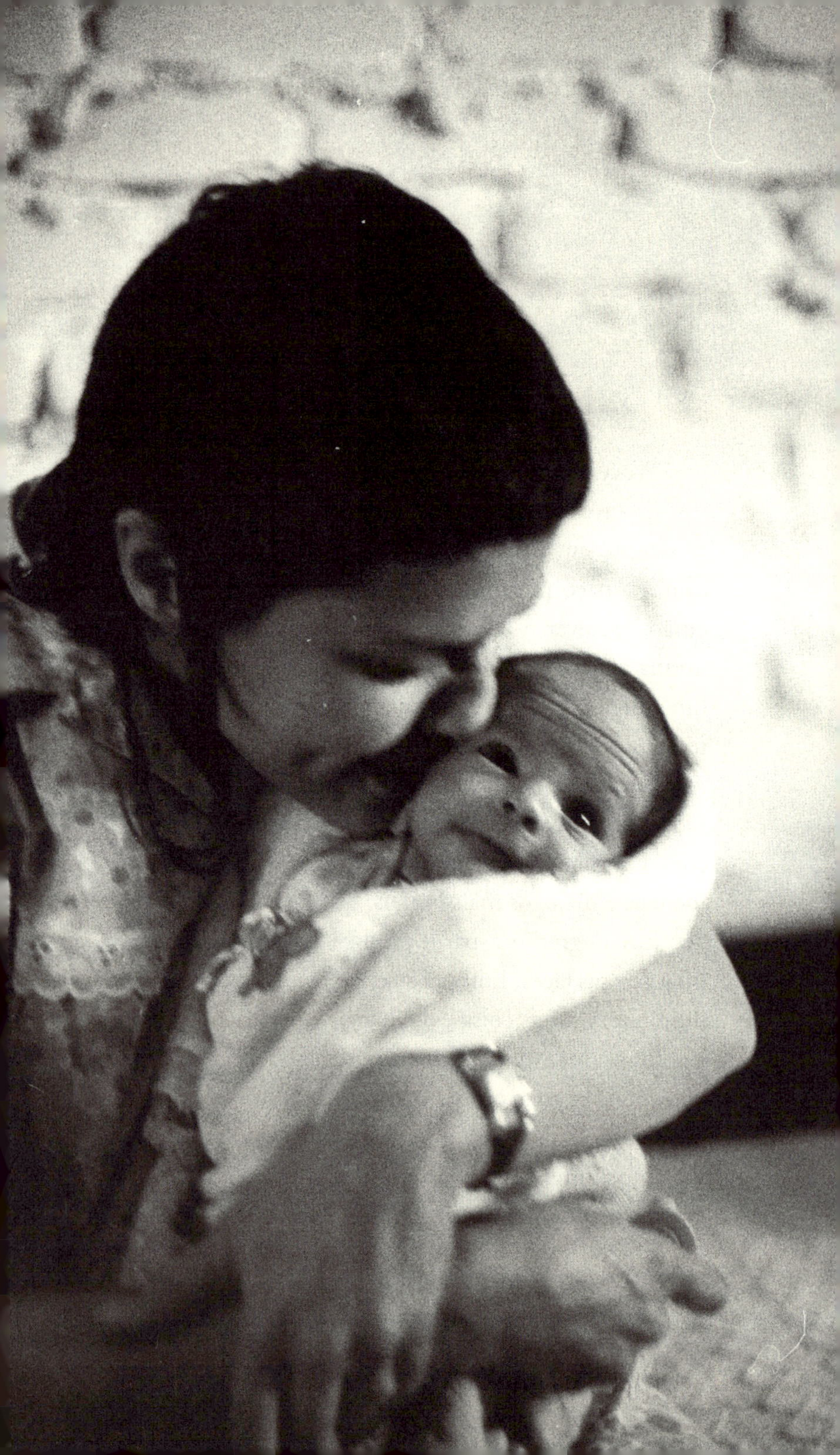

CAPÍTULO 1

"CANSEI DE SER A POLÍCIA DOS MEUS AMIGOS"

Fui acordado no meio da noite por uma movimentação atípica do lado de fora do meu quarto. Meio sonhando, meio acordado, caminhei até a porta. Abri, mas não pus a cabeça pra fora; colei com cuidado a orelha na fresta. Da suíte principal vinham diálogos quase inaudíveis, sussurrados, entrecortados por pausas e ruídos respiratórios. Estava esclarecida a situação naquele maldito dia de festa – aliás, nunca gostei de festa. Reconheci a voz da minha Mãe e algumas outras.

Apesar dos meus 11 anos, não houve esforço para deduzir as ações no banheiro. Inalações rápidas deixavam tudo claro. E a cultura popular da época também já tinha introduzido o assunto, tanto nos filmes vistos escondido como nas letras de músicas.

A novidade foi perceber pela primeira vez sua chegada à nossa casa – e com a participação dela.

Muitas pessoas já haviam ouvido da sua boca sérias restrições quanto ao uso de drogas. Certa vez, em plena madrugada, ela tirou a banda da cama e obrigou todo mundo a fazer as malas rapidamente para se mudarem de hotel depois de ter sentido cheiro de cânhamo na vizinhança. O aroma, porém, fora gerado por sua própria trupe, mas ela não fazia a menor ideia disso. Viviam com um certo temor de serem pegos pela patroa. E eu, como era uma espécie de mascote dos músicos, após testemunhar uma fumaça no apartamento coletivo da rapaziada e antevendo a extensão das consequências, prometi guardar segredo.

De volta àquela noite em nossa casa, assisti à vitória do cansaço. "Cansei de ser a polícia dos meus amigos" foi uma frase que ouvi minha Mãe dizer ao menos duas vezes em momentos diferentes. Cansou de ver o assunto mudar quando chegava perto, cansou de ser a patrulha de hábitos dos colegas de ofício, cansou de ser "o copo de leite corta-onda", cansou das pressões familiares, sociais e musicais.

Cedeu, enfim.

Por alguns longos segundos, pensei em sair do quarto e constranger a todos. Três metros nos separavam. Se eu tivesse ido até lá, o destino teria sido outro? Talvez eu tivesse tomado uma bronca...

Como saber? Como?

Era tudo demais pra mim. Tomar coragem e confrontar aquela supermulher exausta, olhar nos olhos dos parasitas ao seu redor, vê-la afundar em algo até então completamente ausente em nossa vida, testemunhar uma fraqueza sua. Ou fazê-la sofrer ao me ver confuso, surpreso e chocado. Voltei pra cama sentindo-me estranho. Deitado, fiquei pensando durante um tempo nas razões de sua mudança radical de postura.

Lembrei-me da imagem dela, no ano anterior, tirando um roupão, ficando nua para uma amiga e perguntando: "Eu sou uma merda?". Algo detonara sua autoestima. Ciúme, insegurança, traições, carência. Nada que parecesse ter relação com tudo representado por Elis Regina.

Essa passagem desconfortável, ela angustiada com seu próximo álbum e a busca por uma nova casa, um novo centro de gravidade, giraram na minha cabeça antes de eu adormecer. Tudo fora do lugar. Elis era linda e gravar um disco era natural. Poucos faziam bem como ela. O que estava acontecendo?

Existiam vários sentimentos, menos culpa. Nada cobro ou cobraria daquele menino. Nada. Muito menos a possibilidade de ser o interruptor de um processo iniciado poucos meses antes, parte por exaustão, parte por um desejo de aceitação, fuga ou algum novo mal. Há apenas um motivo simples pra não haver a presença de drogas nas minhas memórias e relatos: simplesmente nunca vi drogas na minha casa. Mesmo naquela noite, eu "ouvi", não "vi". E é isso.

A manhã seguinte foi normal. Fiquei atento a cada movimento e nada de diferente eu notei. O termômetro era o amor, o abraço, o rigor pra saber: "O que o João aprontou dessa vez?". E parecia tudo habitual. Mas não estava. A resiliência infantil dissolveu todas as más sensações, contudo os fatos sobreviviam. E eu não percebera.

Poucos dias depois, após tomarmos café da manhã e combinarmos um passeio à tarde, nunca mais pude tê-la fisicamente ao meu lado. Vi seu namorado Samuel Mac Dowell chegando enérgico, passando como vento pela sala e indo direto pro quarto principal. Batia na porta, chamava seu nome.

Silêncio no corredor.

Caindo em mim, estava batendo com um cabo de vassoura na parede comum dos quartos, ajudando a fazer barulho pra despertá-la, deixando marcas e já preocupado com uma possível repreensão. Quem me dera.

Quando o ombro venceu a fechadura, vi o quarto apenas de relance. Parecia o de sempre. Firme e doce, Samuel falou: "Espera um pouco, João". Fiquei tenso.

Fui à cozinha, permaneci de pé vendo TV e me lembrando dos minutos anteriores. De repente ele, apressado, melancólico, testa úmida, de forma acelerada, rumava ao elevador de serviço.

Elis desacordada em seus braços, com um roupão. Estiquei a mão e ainda toquei sua pele tentando arrumá-lo, fechando-o melhor. Vejo na minha cabeça a cor do tecido, mas não consigo especificar. Bordô-claro, rosa-escuro, *umeboshi*. Difícil ser preciso. Eu me lembro apenas do último calor.

O importante era ela estar viva. E estava. Balbuciou algumas palavras. Foi a última vez que a vi... viva.

Tornei-me instantaneamente um prisioneiro da esperança, dos acontecimentos, de pensamentos revezados.

Logo tocou o telefone. Atendi e do outro lado da linha um jornalista, indiferente ao fato de estar falando com um garoto, perguntou se Elis morreu.

Disse "não" e desliguei.

O mundo, alheio às tragédias e tristezas, seguia sua rotação. Tive uma sensação péssima. Fiquei atônito. Menos de uma hora depois, Marco Antônio Barbosa, sócio de Samuel, amigo verdadeiro, chegou do Instituto do Coração. Com calma, carinho e pesar, deu-me a notícia: "João... foi feito todo o possível...". Estava claro. Ela partira. Nos abraçamos e choramos. Choramos muito. Com uma missão duríssima, consternado, demonstrou equilíbrio – o único daquela tarde. Meu mundo acabou.

A notícia inundou os meios de comunicação e o país. O cortejo foi gigantesco. O país amava Elis, queria tê-la testemunhando aquilo tudo. No entanto, nada mais importava.

Ao enterro, lotado, não pude (nem queria) ir. O velório já serviu pra me mostrar a inutilidade de implorar mentalmente pra ela despertar. Já não era mais minha Mãe ali. Uma espécie de máscara da morte estava costurada à sua face. Passei, então, a esperar o despertar daquele pesadelo. "Por que ela fez isso com a gente, Baixo?", perguntei ao querido Fernando Faro, diretor de televisão, de shows e da Elis.

A dor mais profunda, a ausência de rumo e a perturbação vieram quando voltei ao apartamento e olhei o quarto dos meus irmãos. Medo do futuro e desespero. Chorei e engoli o choro. Faltavam-me forças pra entrar naquele cômodo. A dor era maior do que eu. Acredito tê-la encapsulado involuntariamente. Eles já estavam em outro lugar; foram corretamente afastados do furacão. Não viveríamos juntos pelos próximos três anos. E, quando voltamos a viver juntos, o núcleo original se desfizera. Um deserto emotivo.

Em mais uma tentativa de fuga, fui dormir. *Quem sabe ao despertar tudo estará de volta aos trilhos?*, pensei.

Henfil, grande cartunista, figura inteligente, extremamente crítica, cáustica, já havia "enterrado" Elis no jornal *O Pasquim*. Fez as pazes com ela e na sua morte, abrindo uma "caixa-preta" imaginária, escreveu: "Nós homens te matamos, mulher". Carrega muito sentido. E eu? Eu era um menino, portanto essa responsabilidade não era minha. Mas boa parte da conta foi paga por mim, por nós, as suas crianças. Foi meu adeus à infância. Nada seria como antes.

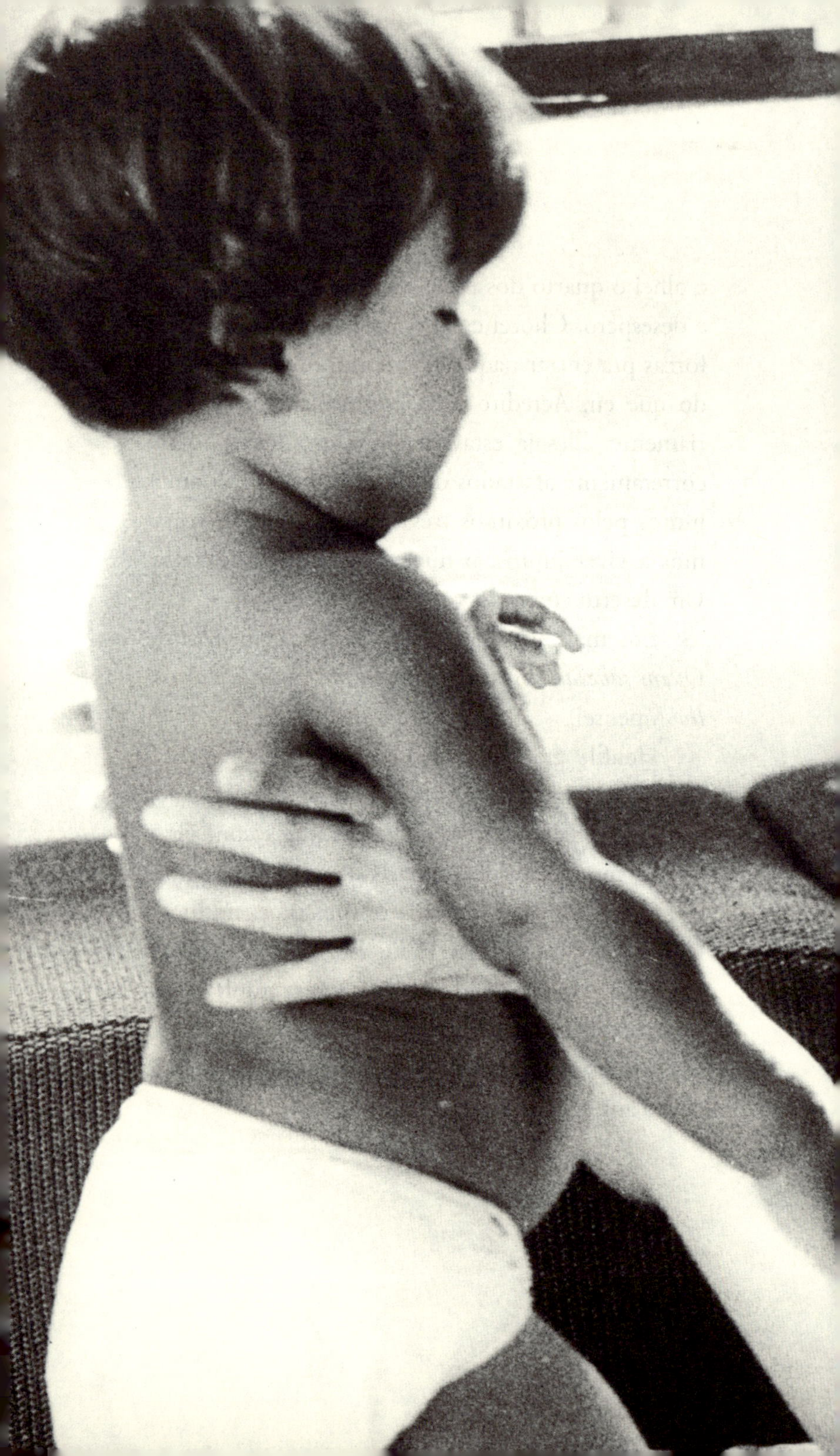

CAPÍTULO 2

OS DIAS SEGUINTES

"Desmoronar" talvez seja a palavra mais precisa pra descrever os dias seguintes. A casa onde vivia estava sendo desmontada, meus irmãos já tinham partido com seu pai, as pessoas mais queridas desapareceram e aquelas que julgava me amarem passaram a ser agressivas, a me achacarem de certa maneira: "Ou você faz do nosso jeito ou vamos embora, entendeu?". Como falar isso pra um menino de 11 anos, dentro de um apartamento alugado, com funcionários e salários a receber? Minha Mãe tinha acabado de morrer tragicamente... Apesar de tudo, não sentia maldade, mas estava encurralado e assustado. As minhas piadas perderam a graça; as traquinagens viraram delinquência; a eloquência verbal tornou-se chatice; a estima caiu. E ninguém sentia a mínima necessidade de disfarçar

– era tudo dito de forma dura, com uma rigidez intolerante, como se eu tivesse alguma responsabilidade sobre todo aquele caos. Falta de tato em um grau assustador. Deu certo. Fiquei acuado e profundamente decepcionado. O que imaginava ser algum tipo de amor por mim era, em parte significativa, apenas bajulação pra agradar e ficar mais perto da Elis.

As roupas e os pertences da minha Mãe eram "colocados na roda", afinal "a energia precisava fluir". Parecia um estupro, uma violação incessante. Para Elis, a família dela era composta por 4 pessoas: ela e mais 3 crianças (há um vídeo dela falando isso). Nenhum de nós estava envolvido no processo de escolha e armazenamento das suas coisas. O correto seria guardar tudo até crescermos. Não houve ritual, organização, afago ou diálogo familiar algum comigo. Infelizmente. Até o pedido à escola pra eu ter uma bolsa foi feito pela caderneta escolar. Senti vergonha quando li. Em resumo: sentar pra conversar, nem pensar. Cabeças perturbadas, sem planos, sem rumo.

Tudo só não foi pior porque o Samuel, tornando-se família ali, naquela urgência, teve sensibilidade e grandeza pra sentar comigo e explicar como tudo poderia ser dali em diante. Se o poder de decisão estivesse em suas mãos, tudo teria sido melhor. Embora fosse advogado da família e tivesse iniciado um namoro com minha Mãe meses antes, seu controle era restrito. Fiquei meio à deriva, parecendo uma criança mais velha colocada para adoção; aquelas que quase ninguém quer.

No fim, a réstia de interesse não era exatamente por mim, nem por meu olhar de ressaca. Havia sim outro atrativo: a ilusão de um pote de ouro no final do arco-sanguíneo. Interesse financeiro. E uma falsa noção de poder, de ainda haver um pedaço dela para ser aproveitado. O espólio. O desgraçado do espólio. Quem cuidaria do legado? Fora nossos pais (Ronaldo Bôscoli e Cesar Mariano), todos mudaram. Um "grande amigo" da minha Mãe, bom músico (graças ao Cesar) e um puxa-saco profissional, tinha como hábito levar-me ao futebol, à sua casa pra dormir em dia de jogos da Seleção Brasileira ou ao estúdio onde gravava publicidade. Sem Elis, ele sumiu. Certo dia, numa rara aparição, eu estava em seu carro e passamos ao lado de um parque de diversões. Perguntei: "Podíamos ir ao parque um dia desses, né?". Sem me olhar, com uma frieza desconcertante, ele disparou: "Não levo nem meu filho ao parque, por que levaria você?". Foi um tiro invisível. Havia poucas semanas, seria uma resposta inimaginável. As máscaras agora eram desnecessárias. Da minha parte, faltava-me estômago pra assistir ao que testemunhava ou acreditar naquilo tudo. Nesse período começou uma certa aversão minha a *entourage*, adulações, servilismo e dinheiro. Uma quadra desestabilizante, indesejável à criação artística e às relações humanas.

Minha avó materna, por exemplo, resolveu debater comigo os cinco anos passados sem falar com minha Mãe por decisão dela, Elis. Era cada pancada. Eu tinha noção de ser um desabafo, não era por mal, mas doía demais. Falava moralmente de drogas, censurando, repreendendo-me como se eu soubesse de algo ou tivesse alguma responsabilidade... Insano. E era assim em todos os encontros. Profundamente desrespeitosa com meu pai, Ronaldo. Mesmo sendo sagaz, engraçada e espirituosa, passei a fugir dela. Era tóxica pra mim. Antes, ainda trabalhei no seu bar com meu avô. Ele, bem diferente, era silencioso, guardava sempre um sorriso cúmplice e nunca tocou no assunto da morte de sua filha, minha Mãe, nossa Elis. Chorava às vezes quando me abraçava. Eu sabia o porquê. As palavras eram desnecessárias. Amoroso à moda bugre, dava-me balas e dinheiro escondido. Eu amava o avô Romeu. Morreu de câncer quando eu tinha 13 anos. Foi a última pessoa a me fazer sentir em casa. Eu era seu neto; não era um favor, perturbação ou concessão me receber na casa dele.

Impossível me esquecer da vovó Beth, mãe do Cesar, um anjo de pessoa. Desde pequeno, no seu colo eu parava de chorar. Voz calma, sempre nos deu muito carinho. Adorava sua presença, nossas conversas, sua relação respeitosa e compreensiva com a tragédia. Falou pouquíssimas vezes no assunto. Sempre com pesar. Com a separação entre Elis e Cesar, estava distante quando a bomba explodiu. Foi uma figura importante, amorosa naquela década. Morreu no fim da minha adolescência. Tínhamos um sonho em comum: nós cinco juntos, sob sua égide. Ah, santo matriarcado.

E o Ronaldo? Bem, como sempre, diferente e imprevisível. Nossa relação prometia ser boa, depois de uns quatro ou cinco anos sem contato algum (também por resolução da Elis). Levado por Samuel ao Rio, fui recebido por meu pai no Copacabana Palace. Um sábado de sol, mesas a mil e eu lá. Insólito. Embora impessoal, a intenção era me alegrar. Do velório – onde preferi evitá-lo – ao Copa ensolarado, era um belo arco dramático.

As brigas entre meus pais custaram caro pra cada um de nós, seus 3 filhos. No entanto, houve uma reviravolta. Certo dia, no final de 1981, minha Mãe ligou pro meu pai na casa do Miele, parceiro do meu pai em quase todos os seus projetos e grande amigo de

Elis. Jhosep Pessanha, assistente pessoal do Ronaldo, atendeu e imediatamente o chamou. Surpreso, meu pai tapou o telefone com a mão e, bem ao seu estilo, vociferou: "Lá vem bomba". Após o seu "alô" ele emudeceu. Segundo Jhosep, as lágrimas caíram pelo seu rosto sem parar. Desligou falando baixo, meio qualquer coisa. Depois de alguns segundos, levantou do sofá, foi caminhando até o jardim e, de costas, disse: "Elis quer que eu veja o João com frequência, quando quisermos. Pediu perdão por ter misturado os papéis de mulher e mãe. Disse ter errado profundamente. O menino tem um pai e precisa conviver comigo". Se ele mal podia acreditar no que ouvira, imagine eu. Parecia 1º de abril quando ela avisou: "Fiz as pazes com seu pai. Preciso do seu perdão, filho. já combinamos tudo, você vai visitá-lo no Rio a cada quinze dias ou quando quiserem". Foi uma atitude repleta de significados. Entre eles, creio eu, um chamado de socorro.

Contudo, já havíamos tentado essa estratégia e não havia funcionado lá muito bem. Durante seu casamento com Cesar Mariano, sempre com muito carinho e cuidado, fui levado por ele até meu pai algumas vezes. Eram cordiais. Entretanto, quando Cesar ia embora... desconforto total. Lembro-me vagamente de tentar disfarçar meu humor. Inútil.

Conexão afetiva perto de zero. Fui ficando hostil, segundo me contou Ronaldo anos depois. Verdade. Minhas memórias do período eram desconfortáveis e confirmam sua impressão. Ele fazendo tudo pra me agradar e nada me animando muito. O chocolate batido era divino, mas eu só pensava em voltar pra casa. E, nessa casa, Ronaldo Bôscoli inexistia. Sua figura era esparsa e dissolvida. Foi maravilhoso quando ela encerrou esse período. Perdoamo-nos todos. Mesmo com sensações mistas, flutuava ao vê-la feliz e mais leve. Sem essa atitude conciliatória e surpreendente, o futuro seria outro. A convivência seria inviável ou quase. Os prejuízos, gigantes.

Sim, eu poderia morar com ele após a morte da minha Mãe, mas era muita mudança e seu ambiente, embora divertidíssimo e inteligente, era longe do ideal pra manter-me nos eixos. Havia também a escola, um hábitat familiar com meus amigos, um elo precioso. Foi generoso da parte dele permitir minha permanência em São Paulo, onde viviam meus 2 irmãos e o Cesar. O preço da anuência foi morar de favor no apartamento com o irmão da Elis – um imóvel comprado por ela – e nunca mais me sentir em casa. Morava dentro de mim e ponto.

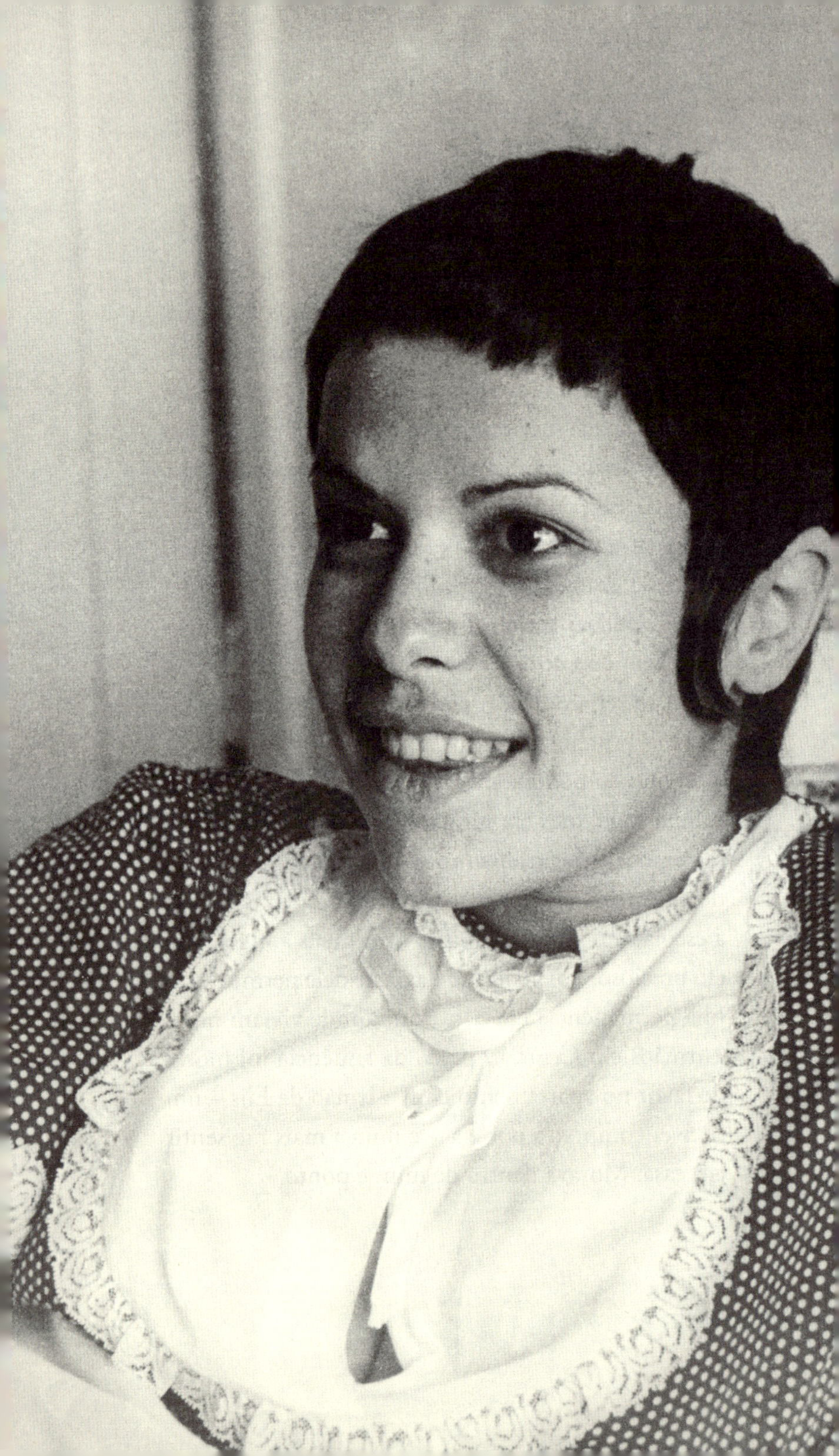

CAPÍTULO 3

TEORIAS CONSPIRATÓRIAS

Ronaldo Bôscoli, meu pai, cerca de dez dias depois da morte física de Elis, logo no primeiro reencontro, disparou: "Se a Madre Teresa de Calcutá tivesse morrido como sua mãe, eu ficaria menos surpreso". Fazia sentido, afinal o trem havia saído dos trilhos e ela tinha vergonha disso. Escondia do próprio namorado seu novo hábito. Ensaiou uma possibilidade de internação, mas temia um escândalo. Por um lado, as palavras do Ronaldo foram um soco no baço; por outro, havia certa compreensão, um veredito, um alívio. Durante a adolescência conheci mais sobre minha Mãe, histórias incríveis, contos, falhas, humanidades e trotes através do meu pai.

Foi escrito no jornal: "Elis se casa com Ronaldo Bôscoli. Bem feito pros dois". Ou: "Imagina o que vai sair disso?". Eu, por exemplo: filho único deles. Outra frase inesquecível do Ronaldo: "Sua mãe nunca me perdoou por testemunhar suas fraquezas". Sim, todavia ele casar e continuar vivendo como solteiro era inaceitável. Imaturidade pura, no mínimo. Mais uma: "Se ela não sabia determinado assunto, aprendia numa velocidade estonteante e pouco tempo depois já estava dando aulas sobre aquele mesmo tema". Sua admiração por minha Mãe encantava-me e colocava minha cabeça no lugar. *Joie de vivre*.

O laudo da morte física de Elis saiu após alguns dias. Nesse meio-tempo, ondas especulatórias vinham de todo lado. Talvez tenha sido o principal assunto do país durante alguns dias. Até essa demora era razão pra desconfianças. Por que um laudo demoraria tanto? Os militares, tão atacados por Elis durante boa parte de sua trajetória, agora tinham seu corpo sob poder. O fato de terem chamado o mesmo legista do caso do jornalista Vladimir Herzog, Harry Shibata, aumentou o nível de desconfiança.

Se ele já assinara um laudo falso atestando ser suicídio o assassinato do jornalista Herzog nas dependências do Dops em 1975, certamente Elis seria sua próxima vítima e a vingança contra Samuel Mac Dowell estaria consolidada, afinal ele foi um dos advogados a desmascarar

Shibata e namorava minha Mãe. As pessoas mais próximas e até alguns círculos mais distantes alimentavam teorias conspiratórias. Embora Samuel tivesse contado o ocorrido com muita delicadeza, mas de maneira cifrada, eu estava triste e aéreo demais pra assimilar. Lembro-me do teor, do cuidado e de algum conteúdo da conversa. Mas o fator fundamental da equação foi-me apresentado em código. Compreendo. É delicado assumir um papel que pertence, em tese, ao pai; decidir a forma de transmitir informações potencialmente devastadoras. No final das contas, fazia muito sentido não ser coincidência o enredo com Herzog, Elis, Samuel e o Shibata, um homem que desonrou a profissão médica e tinha tido o CRM cassado, até onde eu sabia. Se hoje mascaram informações, em 1982 era mais fácil.

Fiquei com uma reverberação mental com os seguintes dados: o governo tinha o corpo, as provas, uma possível pressão sobre os legistas, os elementos todos. Qualquer pedido de revisão traria o mesmo resultado. Desisti de pensar no assunto por uma razão elementar. Tudo fora engolido pelo choque, pela saudade e pelo carinho das pessoas com ela e comigo. Nada traria minha Mãe fisicamente de volta. Melhor esquecer o assunto, ao menos momentaneamente. Mas pensava nela todos os dias; não queria esquecer nada.

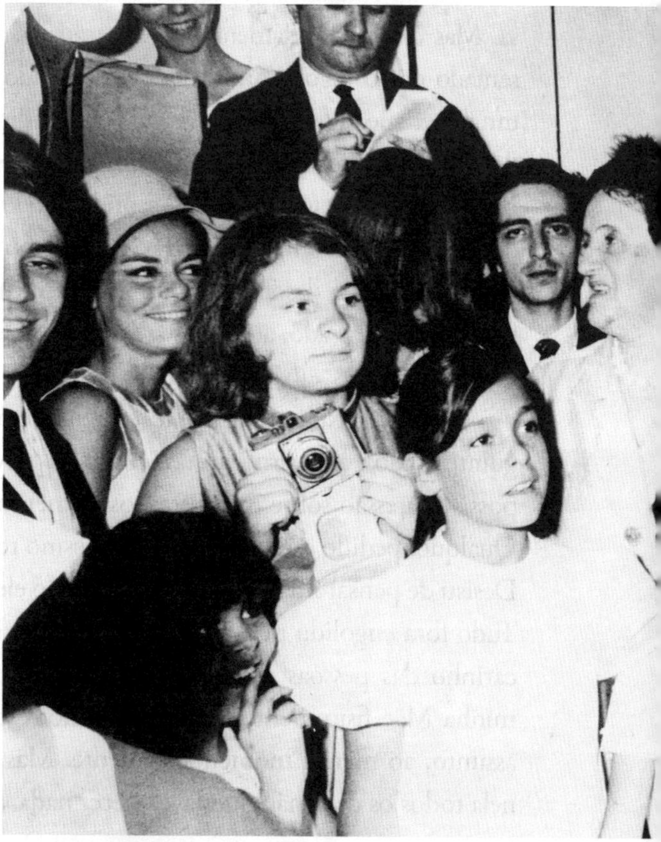

CAPÍTULO 4

O AMOR IMPESSOAL

Eu era peça de um quebra-cabeça fora de linha, sem encaixe em nenhuma parte mais. Além de os círculos íntimos familiares estarem tentando uma recomposição, lutando para seguirem em frente, sentindo muita dor depois de um trem ter passado por cima de suas vidas, sobravam incertezas ligadas ao futuro.

    O cenário do qual eu fazia parte estava apenas nas minhas memórias, havia deixado de existir; a desconexão era incontornável. Todos tinham a vida estruturada ou em processo de estruturação e minha presença desandava o ambiente. Era dissonante com os fatos e necessidades gerais. Uma parte desinteressante da Elis teimava em continuar viva, atrapalhando o andamento do cotidiano, os planos, o porvir.

Sem mim, tudo seria mais simples de ser resolvido. Era bem nítido.

A impressão era baseada em fatos porque, entre outras passagens, ouvi algumas vezes: "E o João?"; "Quem vai ficar com o João?"; "Rio ou São Paulo?"; "E as contas dele?". Vivia em um limbo e era um estorvo simultaneamente.

Minha missão diária era existir, manter a sanidade e tentar ser feliz. Durante um período, fui perseguido por isso. Imoral ser feliz, debochado, sorrir, contar piada com uma perda tão recente. Ouvi sermões medievais. Suponho desconhecerem à época as consequências de um luto infantil profundo; uma possível depressão poderia ser irreversível. Se mandassem-me à análise, quem sabe, entenderiam o caso. Algumas crianças em zonas de conflito ou guerra seguem brincando, com esperança ou indiferença às catástrofes ao redor. Outras não. Tinha espasmos de tristeza e choro, mas meu estado basal era surpreendentemente bom. Curioso observar meu comportamento em retrospectiva. Como sempre fui muito amado por minha Mãe, a infelicidade e o papel de vítima não se encaixavam em mim. Não sabia ser infeliz; era desconfortável. Sem explicação, ainda me achava especial. Senso de sobrevivência, talvez.

Alguns dias após o terremoto, um pensamento, uma posição pessoal brotou na minha cabeça do nada e deu uma guinada na minha vida: se ficasse triste, minha Mãe ficaria triste, onde estivesse. Algo insuportável pra mim. Simples como um copo d'água ou um lápis, essa ideia tem uma boa parcela de contribuição na minha sobrevivência, saúde e ritmo. Uma forma de cuidar dela. E de mim.

Devo muito ao amor e ao acolhimento que recebi de pessoas desconhecidas ou mais distantes do meu dia a dia. Delas, sempre uma palavra confortante, um abraço, emoções positivas. Desde meus colegas, seus pais, professores da escola até parceiros de profissão da Elis, passando por gente que nunca vi. Havia muita compaixão, respeito e compreensão vindos das ruas. Nem sequer uma vez percebi algum comentário negativo ou censor sobre meu drama pessoal. Nunca sofri constrangimento. Nunca. Ouvi centenas (talvez milhares) de vezes a frase: "Quando sua mãe morreu, eu estava em tal lugar fazendo tal coisa". No final das contas, o mundo me recebeu muito bem. O sofrimento vivido por um menino era mais forte do que o maldizer, a fofoca, a crueldade. Um amor vindo de desconhecidos ajudou a salvar minha vida. Também me ligou ou falou comigo em encontros casuais uma quantidade surpreendente de artistas relacionados ou não com Elis. Sempre uma palavra amiga: "Minha casa é sua"; "Esse é meu número. Ligue quando precisar". Minhas esperanças e perspectivas eram renovadas.

Esse amor, a música, os livros, filmes, paixões platônicas e muitas travessuras me mantinham de pé. E, claro, meus amigos, sobretudo os da escola. No campo das amizades, a vida foi (e é) uma mãe comigo.

Aos 4, 5 anos, tinha certeza: todos os meus amigos da escola tinham uma mãe, um pai e um Cesar. Como a lembrança é muito vívida, sempre acho engraçada e pueril a visão de tomar meu núcleo familiar como padrão. Mesmo sendo o único na escola a ter essa, digamos, configuração. Inocência total. Adorava ser diferente. Mesmo. Autoestima e segurança alimentadas por amor, eu creio. E esse amor vinha também dos 2 pais, cada um a seu modo, em seu tempo. O Cesar sempre foi o máximo comigo. Muita sorte minha Elis ter casado com ele. Além de o som ter atingido vários ápices, eu era seu filho. Nunca deixou espaço pra dúvida.

Que fique claro: Cesar Mariano é um dos meus maiores amores. Conviver com ele durante o início da minha vida foi fundamental; um herói, uma referência. Seu respeito com meu pai foi fundamental para a reconstrução futura do tecido emocional Bôscoli-pai-e-filho.

Durante a vida com minha Mãe, tenho poucas lembranças do meu pai, Ronaldo Bôscoli. É a realidade. O destino se fez assim. Contudo, ele também foi muito bom comigo quando o pior aconteceu. "Filho, a intimidade virá com o tempo. Me deixe te amar, me aceite como eu sou…", ele disse. Um homem incrível com lampejos de gênio. Amo seu *chiaroscuro*, seu texto encantador, seu charme intoxicante. Amo sua liberdade intelectual, seu humor cáustico.

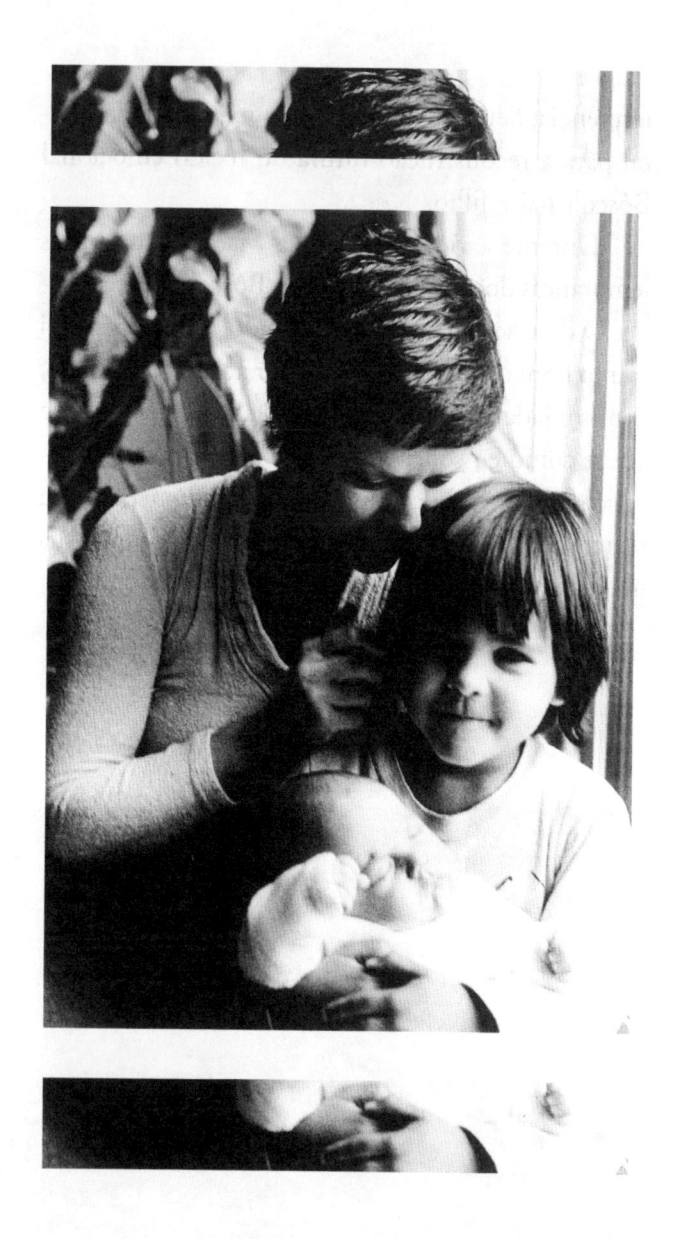

CAPÍTULO 5

AS PRIMEIRAS LEMBRANÇAS

Fora uma imagem sem foco do rosto dela, minha primeira lembrança é uma despedida. Bem cedo, estava deitado, dormindo no banco traseiro do "besouro", Fusca preto do irmão da minha Mãe. Acordei, levantei e através do vidro traseiro a vi chorando, observando nossa partida, acenando. Havia mais gente fora e dentro do carro. Não recordo quem. Estávamos no estacionamento da Joatinga, Rio de Janeiro. Era um espaço descoberto, chão de paralelepípedos, amendoeiras – projeto do irmão do músico, compositor e diretor musical Roberto Menescal. Permaneci de pé, chorei um pouco, toquei o vidro tentando tocá-la. Voltei a dormir. Nada mais lembro.

Depois, soube ser minha ida pra São Paulo às pressas, sem avisar o Ronaldo, consolidando a ruptura. Com instinto protetor, bem-intencionada, queimava os móveis da sala pra manter a lareira acesa e o controle sobre mim. O importante era manter seu bebê longe dele. A vilania decantava em seus contornos. Essa era a crença sincera.

Minhas memórias do período *Elis & Tom* em Los Angeles e da rua Califórnia no Brooklin, em São Paulo, embora concomitantes, não se misturam. Mesmo ciclo, áreas de armazenagem distintas.

Adorava a casa nova, seu jardim, a rua, o ônibus escolar tocando rádio, a casa dos meus avós na esquina, bem perto de nós. No Rio ficavam ainda mais próximos; eram vizinhos no apartamento ao lado. As intromissões eram inevitáveis. Os conflitos também. Talvez por isso, ao mudarmos para serra da Cantareira no meio da década de 1970, veio a ausência dos meus avós, bem como o hiato traumatizante pra minha avó.

Da minha parte, ainda em São Paulo, tinha descoberto o prazer das travessuras. Comecei com coisas simples: tocar a campainha e sair correndo, ficar na rua além do horário estabelecido, andar fora dos limites geográficos permitidos. Depois, duas mais intensas. Pulei do meu quarto, no segundo andar, sobre a construção onde ficavam os botijões grandes de gás, em frente à janela da cozinha, e deles caí no chão. A altura fracionada em 2 pontos evitou uma quebra de um braço ou perna, mas quase desmaiou minha Mãe; estava cozinhando e desesperou-se com os barulhos secos e graves. Imagine ver o vulto do seu filho passando e gritando "Gerônimo" através das janelas jateadas. Apesar do alívio ao me ver inteiro, rendeu o castigo mais chato e entediante, ficar no meu quarto sem poder sair. Nesse dia comecei a furar a parede buscando o outro quarto, utilizando uma chave de fenda. Durante meses, escondido atrás de uma mobília qualquer, fui escavando, furando até chegar ao outro lado. Era um espaço mínimo, mas uma vitória gigante. Dali em diante, ao ouvir meu nome ser chamado, achava ter sido descoberto.

Nessa casa também ganhei 6 pontos na cabeça ao subir no vaso sanitário tentando ver o espelho sobre a pia e cair no bidê; e derrubei a moto do Cesar na garagem. Essas duas começaram a gerar alguns limites. O sangue, a dor e os pontos frearam alguns planos. E a conversa séria explicando que poderia ter sido esmagado pelo veículo de duas rodas foi impactante.

Um momento mágico na minha lembrança desse período foi uma volta no quarteirão sentado no tanque daquela moto, uma Honda japonesa 400

Four vermelha. O sol, o vento, meu pai de criação envolvendo-me. Felicidade pura e simples.

Ainda na garagem, havia alguns ensaios e eu ficava fascinado. Os instrumentos, assim como todos os equipamentos da casa, eram liberados. Certamente semeou minha paixão e meu interesse profundos pelo assunto. O som tocado ao vivo era fisicamente prazeroso. O mais envolvente e forte já ouvido na minha vida. Aquela seria minha vida. Nada poderia ser melhor. E aos poucos ia percebendo a força, o calor da voz dela. Nada parecia comparável. O prazer no rosto dos músicos era indisfarçável.

A música agora ia tomando espaço dentro de mim, diminuindo o ímpeto de fazer algazarras. Todavia, "diminuir" é diferente de "cessar". Márcio Moreira, amigo dos meus pais, publicitário da McCann, veio visitá-los em seu carro esporte SP-2 e estacionou em frente à casa. Como aprendi algumas coisas observando o manuseio do "nosso" Maverick, peguei a chave do carro do Márcio, abri, entrei e soltei o freio de mão. Ele desceu lentamente alguns metros e parou, escorado na guia. Assustado, fechei o carro, entrei de volta em casa e deixei a chave no mesmo lugar. Algum tempo depois, a companhia tocou. Um vizinho queria sair de casa e o SP-2 impedia. Márcio saiu e voltou meio sem entender o movimento. O carro não estava onde deixara. Senti uma onda de alívio pelo meu corpo quando ele falou: "Acho que esqueci de puxar o freio de mão".

No Brooklin, ia à feira com minha Mãe. Andar com ela, ver aquelas cores, os sons, os aromas, a simpatia das pessoas, tudo aquilo se tornou uma das minhas coisas favoritas na vida. Curioso: descobri o fato de ela ser famosa na feira. Foi uma surpresa. Sabia seu ofício, evidentemente, mas ainda não tinha nenhum dado conclusivo ligado aos shows, estúdios e emissoras na minha cabeça. Foi surpreendente. "Por que todo mundo te conhece?", eu indaguei. Não me lembro da resposta, mas, sim, de sentir satisfação e ciúme. A Mãe era minha, mas Elis Regina era do mundo. Voltei pelo caminho tão quieto, pensativo, ao contrário da matraca usual que eu era, que ela perguntou: "Um gato comeu sua língua?".

Essa ocasião foi um marco, uma espécie de rito de passagem. Outro aconteceu na porta da escola. No primeiro dia, eu chorava e não queria entrar. No final da mesma semana entrei sem olhar pra trás. No final daquela tarde, ela choramingou comigo. Coisa de mãe. Assim como ficar encantada com minha primeira paixão musical, "Chameleon" do Herbie Hancock, do álbum *Head Hunters*, dado pelo Lennie Dale. Ouvia sem parar e, segundo ela, ficava andando em frente ao som. Sempre amarei Herbie.

    Entre todos, o acontecimento mais marcante, emocionante e definitivo desse período foi a gravidez da Elis e a chegada do Pedro. Com quase cinco anos, ganhei um irmão. A única intercorrência: a ideia de colocar seu berço no meu quarto. Segundo minha avó materna, quando vi o móvel gritei: "Tira essa m*rda daqui!". Acho improvável. Seria um confronto direto com minha Mãe, mas ficou a história. Ainda mais porque, no seu estado de graça, sobrava amor e segurança pra mim. Ia ao obstetra com ela, encostava o ouvido na barriga, ganhava muito carinho. Era o nosso bebê. Quando chegou, alvo e gordinho, foi maravilhoso. E eu podia segurá-lo, estar presente na hora do banho, empurrar o carrinho, posar para fotos. Sentia-me muito bem. Um dia, ela estava amamentando e eu olhando, olhando. Num rasgo de intuição, perguntou se eu queria experimentar o leite. Aceitei, afinal era o único momento íntimo envolvendo o Pedro em que eu era apenas o espectador. O gosto horrível foi libertador. Algumas gotas depositadas carinhosamente no meu dedo diluíram meu desalento pontual. A casa florescia.

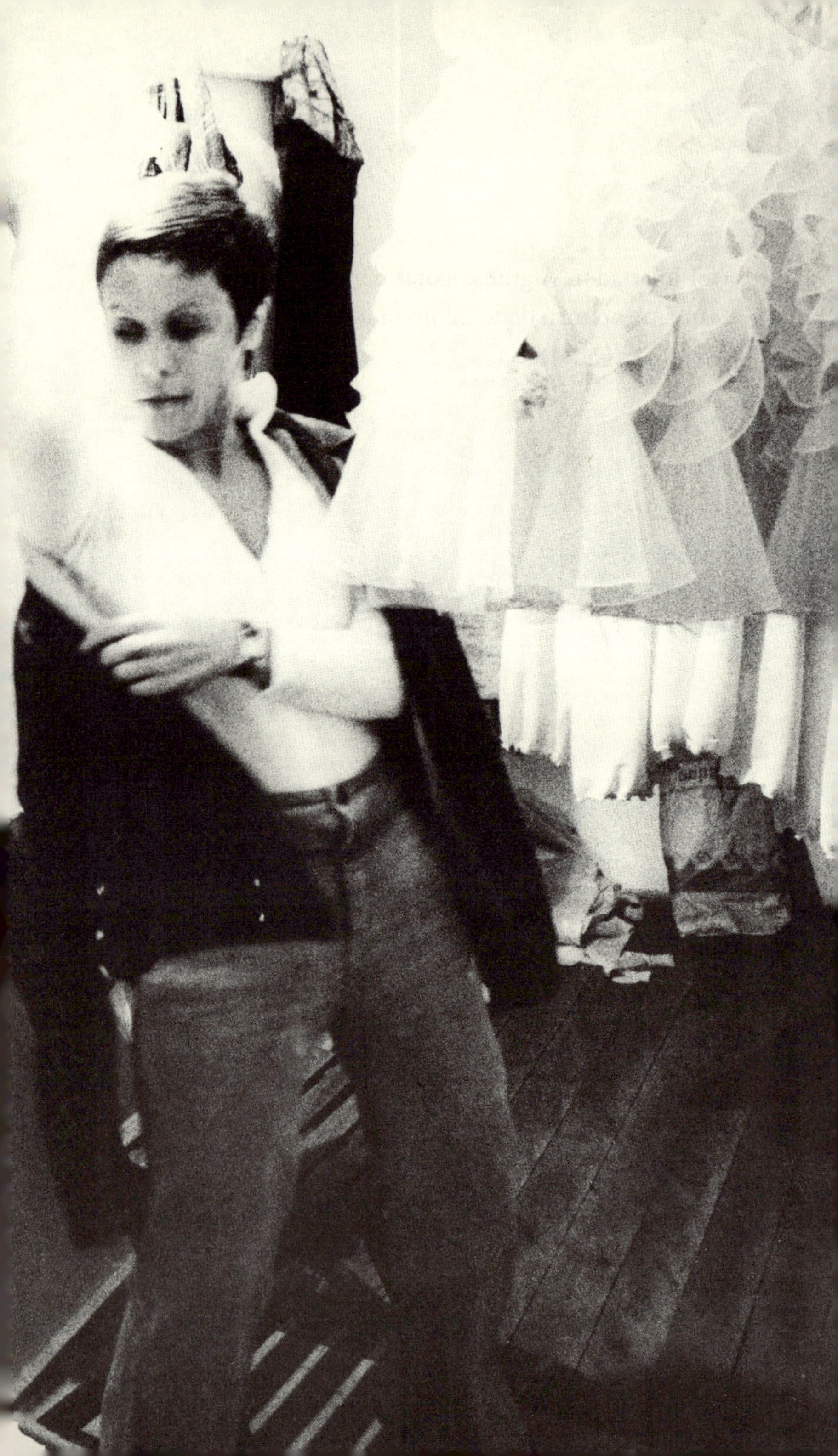

CAPÍTULO 6

OS ANOS DE CHUMBO

As primeiras imagens na minha cabeça ligadas a estúdio (e à própria vida) são do XXX Studios em Los Angeles, durante a gravação do álbum *Elis & Tom* em 1974 (obra da Elis; Tom convidado). Embora fosse a gravação do álbum brasileiro mais respeitado e cultuado no mundo, o maior de Elis, o maior de Tom, lembro-me de jogar bola (de fita adesiva) dentro do espaço. Fora isso, algumas recordações da Disneyland, meu casaco vermelho, calça jeans e botinha ortopédica branca, afagos do Tom, a festa na técnica ao ouvirem as canções, o Cesar com colete, camisa branca clássica em seus quadriculados finos de cor cinza e gravata, a cantora Wanderléa. Wanderléa? Sim, a própria. Como eu estava dando muito trabalho, a Ternurinha – então moradora da cidade – ajudou minha Mãe e recebeu-me na sua casa. O objetivo era ganhar um refresco nas sessões de gravação. Ao vê-la pela primeira vez, contam, fiquei vidrado, pasmado. Escondi a chupeta no bolso. Queria namorar aquela Estátua da Liberdade loura, sei lá por quê; tinha 4 anos. Recordo fechar uma porta e pedir pra ela tirar a roupa.

São poucas as reminiscências dessa viagem. Ainda assim, tudo lembrado foi confirmado por meio de muitas fotografias e filmes. Não eram interpretações ou lacunas preenchidas por fantasias de uma criança. As coisas estavam lá. Era o gravador de um quarto de polegada, a mesa de madeira, algumas plantas verdes, eu agarrado nela, o suéter e os charutos do Tom. Partículas em suspensão e o sol no oeste da Califórnia são uma combinação inebriante pra memória. A luz era essa: natural. Ou a dos refletores alugados pelo diretor Roberto de Oliveira, empresário da Elis, responsável pela captação de imagens e irmão do cantor e compositor Renato Teixeira.

É fácil fundir os diversos depoimentos ouvidos durante minha vida inteira às lembranças reais da capital do cinema, ampliando as experiências originais. Talvez por senso de sobrevivência, fui construindo uma biblioteca emocional mental com esse tipo de experiência: memórias ampliadas. Sou incapaz de traduzi-las; só consigo senti-las. Por isso e pelo propósito original deste registro, fico circunscrito ao que lembro, do jeito que lembro. Ali estava meu grupo favorito: Cesar Mariano (piano, teclados e arranjos), Luizão (baixo), Hélio Delmiro (guitarra) e o Paulinho Braga (bateria) – este, um dos meus músicos favoritos. Certa vez durante um ensaio, em determinado momento, minha Mãe perdeu-me de vista. A preocupação inicial em segundos tornou-se desespero. Eram anos de chumbo. Parte da equipe já estava na rua pensando no pior. No meio dessa tensão, Paulinho apareceu e acalmou Elis. Eu estava dormindo dentro do bumbo da sua bateria. Esse é o tamanho da sua musicalidade: seu bumbo adormece uma criança.

Trinta anos depois, trabalhando na restauração, remixagem e remasterização do projeto *Elis & Tom*, foi engraçado e comovente ouvi-la comentando na gravação ter dormido pouco porque eu não estava deixando, em um diálogo com Jobim. Na hora pensei: *Poderia ter permanecido no Brasil; era um projeto complexo.* Mas ela decidiu levar o primogênito. Pedro ainda não havia nascido. E mais: segundo Ronaldo, ele soube de tudo pelos meios de comunicação.

Como ela conseguiu sair do seu país comigo e entrar nos Estados Unidos sem a permissão do meu pai, mesmo sendo minha Mãe? Nunca saberei. Ninguém, por toda minha vida, soube me explicar esse movimento. Belo começo. E "Só tinha de ser com você" continua sendo nosso hino de amor.

    Foi em Los Angeles, através do som das caixas gravado pelo futuro multiganhador de Grammys, o engenheiro Humberto Gatica, o início da minha percepção do quão única era a voz da minha Mãe. E também havia os comentários dos músicos, do Tom, dos produtores. Todos falavam dela como uma força da natureza, alguém pelo qual o canto em si manifestava-se. Senti-me forte como se fosse eu a cantar. Amava minha Mãe e Elis a cada dia mais.

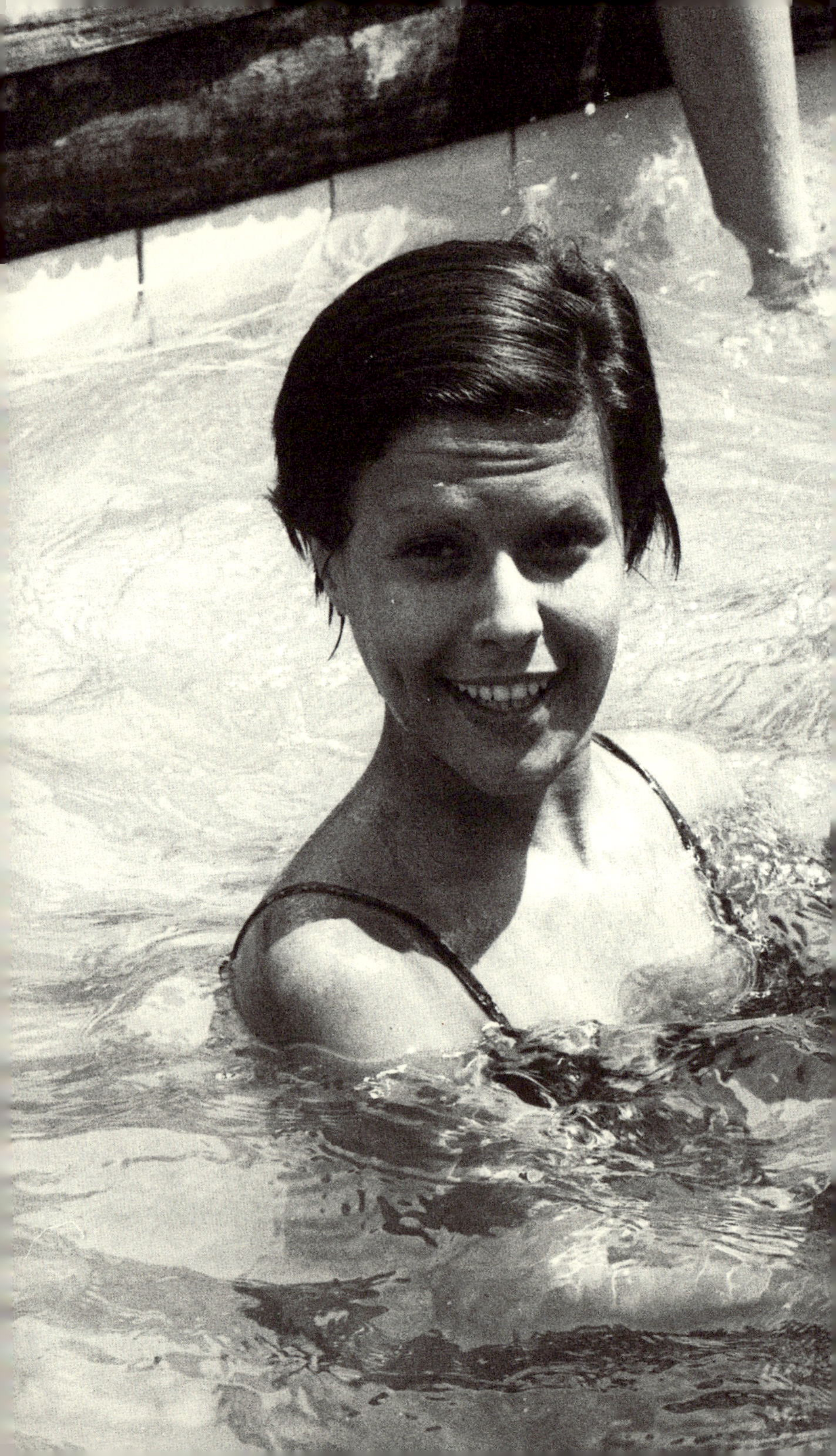

CAPÍTULO 7

A SERRA DA CANTAREIRA

Fiquei desconfortável com a reação da minha Mãe a uma matéria na televisão sobre poluição. Ela estava realmente preocupada. Uma em especial fez-me concluir que a futura mudança pra serra da Cantareira era pra proteger o Pedro, acima de tudo. Crianças nasciam sem cérebro por causa da poluição. Embora ele já tivesse nascido e estivesse saudável, a ligação dentro da minha cabeça com 5 anos de idade foi estabelecida e consolidada. Alguma coisa aconteceria pra mudar aquela situação; nós, mergulhados em uma cortina de partículas tóxicas, respirando. Dois anos depois, a novela *Sinal de alerta* da Rede Globo trazia como símbolo uma máscara de oxigênio. Aquela imagem foi o toque final na minha compreensão sobre o processo de mudança de estilo e agenda de vida. A plenitude física e mental da família era prioritária porque, além da degradação ambiental, havia, segundo confirmei em duas entrevistas dela, uma preocupação com os níveis de tensão gerados em uma metrópole. Suponho existirem outras razões, mas no topo da lista estava ele, meu irmão Pedro.

A primeira visita à serra foi demais. Ir até lá já era uma aventura. Andávamos de carro por suas muitas ruas de terra entre as matas superabundantes. Havia descampados com morros aonde eu subia e escorregava. Se aquele era o lugar no qual moraríamos, começou da melhor forma possível. De tanto brincar, estava quase irreconhecível, com terra até dentro das meias. Existia um frescor no ar, um novo destino, frases ressaltando a beleza do local. O clima era onírico enquanto pesquisavam uma nova casa pra morarmos.

Ao entrar no novo lar, amei tudo: a vista, o aconchego, a piscina, o jardim – muito maior que o de São Paulo. Só entendi ser tudo provisório e alugado quando a busca por um terreno pra construir outra casa continuou nas semanas seguintes. Ou seja, saímos da cidade a toque de caixa, concluí anos mais tarde. Aquelas tensões transcendiam as questões ambientais e as reclamações da minha Mãe por haver "boi na linha" durante suas ligações telefônicas eram cada vez mais constantes. Os ruídos de fita ela conhecia bem. Os métodos eram primários ou quem gravava fazia questão total de deixar claro estar ali, assombrando uma mulher e sua família. Baixos níveis tecnológico e humano. Mas como na serra não havia ainda telefonia, desse problema estávamos a salvo. Um rádio transmissor foi instalado pra ajudar em alguma emergência. Sentia-me dentro de um filme.

Nesse período conheci o Marcelo Mariano, filho do primeiro casamento do Cesar com a cantora Marisa Gata Mansa. Fomos a um parque de diversões e montamos um kit com um monte de bugigangas. Achava as dele muito mais organizadas; tentava copiá-lo, mas seu talento estético e paciência eram maiores. Elis gostava muito do Marcelo. E eu, curiosamente, sentia nada de ciúme.

As obras da futura casa eram acompanhadas semanalmente. Desde os tratores até os sacos de cimento, passando pela construção em si e seus acabamentos, foi uma experiência inédita e inesquecível ver seu surgimento. Eram duas casas de alvenaria no térreo e madeira no segundo andar, postas lado a lado. Na principal, as salas, cozinha, banheiros, quartos, dispensa. Na outra, os quartos e banheiros dos funcionários, área de trabalho, estoque de mantimentos, e no andar de cima um estúdio de ensaio. Foram quase dois anos de construção e um detalhe insólito: apesar de o terreno ter 4 mil metros quadrados, algum gênio construiu a segunda casa no terreno do vizinho. E passou um bom tempo até descobrirem o imbróglio.

Voltando à primeira casa na Cantareira, a alugada, dela guardo ótimas lembranças. Certa vez, bem cedinho, ouvi um movimento na piscina e fui checar. Eram 3 garotos brincando com nosso dálmata. Fiquei surpreso. Como entraram? Primeiro, diferentemente da cidade, inexistiam muros. Portões abertos, árvores lado a lado no lugar de grades, chaves dos carros no contato. Outra vida. Depois, o convívio revelou, os três eram simpáticos baguncerios e mais velhos – quase o dobro da minha idade. Desse primeiro endereço, além dos almoços com amigos da família no jardim e das agruras infantis, 3 fatos marcaram minha vida. O primeiro foi a ida de um dos meus amigos ao ensaio da minha Mãe; ficou claro ser algo extraordinário pela reação dele. Eu adorava ir às gravações e aos ensaios, mas era algo recorrente. O garoto parecia estar vivendo um sonho. Passei a ter a noção de tudo aquilo ser fora da rotina da ampla maioria das pessoas.

Outra passagem marcante foi quando colocamos, eu e os meninos, uma lata de tinta vermelha spray em um monte de mato seco, embebido em álcool, cercado por tijolos pra manter a coesão do ninho explosivo em um terreno baldio. Ele separava nossa casa e a residência de um dos meus amigos. Antes de atear fogo e sair correndo, rindo de excitação e nervosismo, sacudimos muito a lata. Muito. Resultado: ela explodiu e manchou ambas as construções. A nossa era mais fácil de resolver; bastava pintar e lixar algumas poucas partes de madeira atingidas. Já a do vizinho era de tijolos… Bem difícil de limpar.

De forma heroica, escondi-me no mato. O silêncio foi interrompido: "João Marcello Bôscoli! Quanto mais você demorar, pior pra você!". Quando apareci, ela pegou-me pelo antebraço e fui arrastado até a sala de casa. Tomei uma bronca gigante, sentado à mesa, com ela falando a plenos pulmões: "Você vai limpar tudo, entendeu? Vou contratar um pintor e já avisei pra ele: não precisa trazer ajudante. Meu filho vai trabalhar pra você". Depois das aulas, lá estava eu vivendo as consequências da explosão da tinta spray.

A lição mais marcante reverbera em mim até os dias de hoje. Meus amigos da rua, talvez por serem mais velhos, tinham todos carteira e dinheiro. Na serra da Cantareira, o lugar mais próximo onde se poderia comprar algo interessante pra garotada era um armazém a alguns quilômetros de distância. Em suma, dinheiro era algo inútil naquelas condições. Contudo, meus amigos, além de terem capital, tiravam onda de mim por eu não ter. Um dia fui até a bolsa dela, cheio de intimidade, peguei a carteira e tirei uma nota de 500. Pra aumentar o infortúnio autoimposto, vieram por engano duas notas. E eram as maiores disponíveis. Dias depois, fui chamado pra uma conversa grave. Fui chamado de ladrão: "Um ladrão que rouba a própria Mãe". Ela disse que, diante do ato inaceitável, eu não poderia mais morar naquela casa. Fui expulso de casa aos 6 anos por roubar minha Mãe. Ela havia montado minha cabana de índio no jardim, com cobertores e travesseiros, e lá seria minha casa até eu decidir o que fazer. "Eu nunca esperava isso de você", ela finalizou. A rotina foi repetida por duas noites. Após o jantar, eu ia pra cabana. Alguns minutos depois, a babá do Pedro vinha e falava pra eu dormir no meu quarto porque ela já estava deitada. E, pela manhã, idem. Era levado à cabana antes de ela acordar. Nunca perguntei à minha Mãe se aquilo fora combinado. Mas a lição durou pra sempre, algo muito marcante. No final desse processo, disse ter me perdoado, falou sobre o perdão em si, cumplicidade, encerrando com firmeza e alguma ternura: "Nunca mais faça isso, João".

A serra da Cantareira fazia muito bem a ela e a nós. Havia "a metade das tensões lá de baixo", disse em entrevista certa vez. A casa era fonte de energia, equilíbrio e filtro dos dramas urbanos. Amava cuidar dos jardins e realizar uma das suas tarefas prediletas: obras em casa. Estávamos sempre em obras. Estou até hoje; herdei esse estilo de vida. As montanhas pareciam uma panaceia.

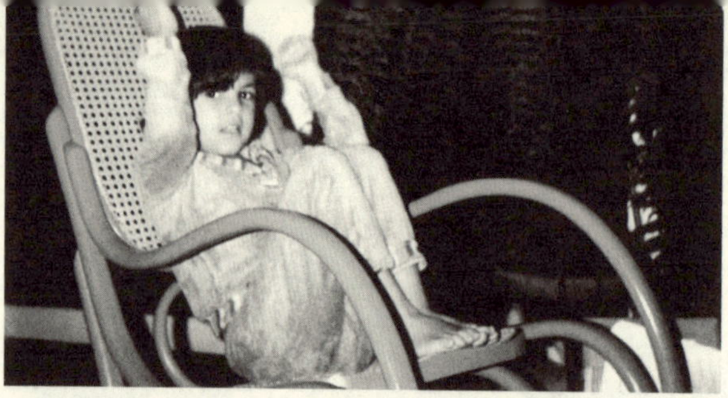

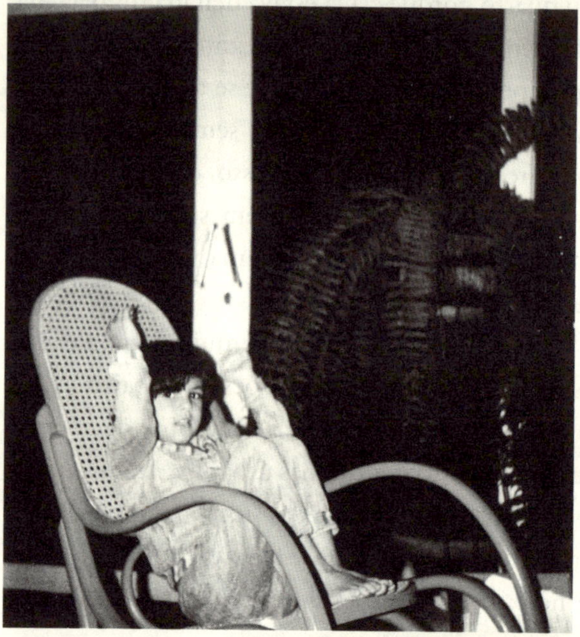

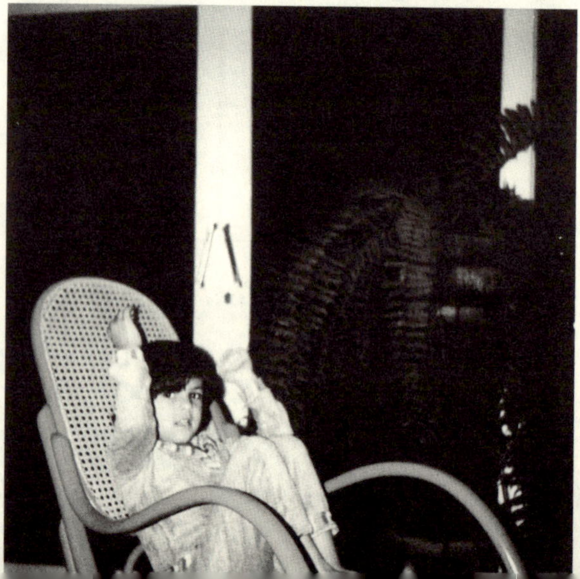

CAPÍTULO 8
FALTAVA MARIA

Tenho poucas e boas lembranças do espetáculo *Falso brilhante*. Os ensaios foram realizados embaixo de um viaduto, em um lugar sujo onde os primeiros dias foram usados pra faxina. Aulas de ginástica e expressão corporal faziam pouco sucesso entre os músicos no começo. Depois, quando o processo foi caminhando, a música, as fantasias e o cenário foram surgindo. Era contagiante a alegria dela e de todos. De início, quando pronto, o *Falso brilhante* seria realizado sob a lona de um circo, mas acabou inaugurando o saudoso Teatro Bandeirantes, permanecendo mais de um ano e meio em cartaz. Os ensaios finais do show eram mágicos pra mim. Passava boa parte do tempo pedalando meu velocípede pelos corredores de carpete entre as cadeiras, mas, quando as luzes acendiam e os músicos fantasiados começavam a tocar – palhaço, espantalho, arqueiro, vampiro, super-homem –, eu parava e ficava hipnotizado. Os camarins eram um parque de diversões com muita maquiagem e trocas de roupas.

O primeiro ato era colorido; o segundo, preto, branco e prata. Duas coisas me deixavam aflito: a primeira foi a descoberta dos três toques pra entrar em cena. Era um frio na barriga inédito. A segunda aflição surgia quando minha Mãe sentava em uma cadeira de madeira branca e era içada e balançava sobre a plateia. Sentia medo. Uma alegria secreta era ver os músicos comentando o fato de a Elis não conseguir desafinar em determinado momento em que encenavam um show de calouros e ela tinha que errar. Parecia não conseguir. Outro dado intrigante àquela altura era a entrada do elenco pela plateia. Eu não tinha visto nada similar. Enfim, amava aquilo tudo.

Pra muitos, foi o maior espetáculo musical do Brasil em qualquer tempo. Parou quando a Elis, grávida do Tiago, foi avisada por seu obstetra: a partir de agora a responsabilidade é sua. Encerrou tudo no ato. O mais interessante foi quando ela, na sala de parto, descobriu ser uma menina, a Maria. Tomou-a das mãos do médico e muita coisa mudou em sua vida. Uma menina era o que faltava pra sua felicidade plena. Colocou rendas pela casa, deixou os cabelos crescerem, passou a cozinhar mais. Cantava pelos corredores mais do que nunca. Quando eu ligava o som, ela acompanhava algum herói meu, Ray Charles, Stevie Wonder ou Aretha Franklin, achava inacreditável. Ela era boa mesmo!

No mais, jantares coletivos festivos após as apresentações, jovens compositores como Belchior por ali. Em frente ao teatro, o escritório da Trama, fundada por ela, e também a Clack, empresa do seu agente, Roberto de Oliveira. Ah! Sim! Adorava as cestas de final de ano dadas pela Bandeirantes. Esbaldava-me.

Minhas memórias desse tempo confundem esses momentos com a visita da Elis comigo à Rita Lee quando foi presa. Lembro-me de ela tomar conhecimento e decidir de imediato ir visitá-la. Sua preocupação explícita deixava claro como estava o Brasil daqueles dias. Senti-me estranho. Memórias das escutas telefônicas e cartas ameaçadoras ressurgiam. Alguém, em vão, falou: "Você nem a conhece, Elis". Pra ela não importava. Tenho fragmentos de lembranças dentro do carro, depois em uma sala onde ela insistia pra ver a Rita ou pelo menos passar um bilhete e receber uma resposta. Foi muito, muito tenso. Nesse dia descobri a cafajestagem masculina no mais alto grau. Pareciam todos monstros cínicos, sujos e insensíveis. Passei a respeitar ainda mais minha Mãe com seu 1,53 metro. Aos meus olhos nada poderia detê-la, pará-la. Era invencível.

No ano de 1982, após sua morte física, Rita e Roberto convidaram-me pra tocar com eles uma música em um estádio. Fiquei muito feliz, mas disse não. Foi besteira. Já tinha gravado com o João Bosco. Era só sentar e tocar. Estava meio mal ainda.

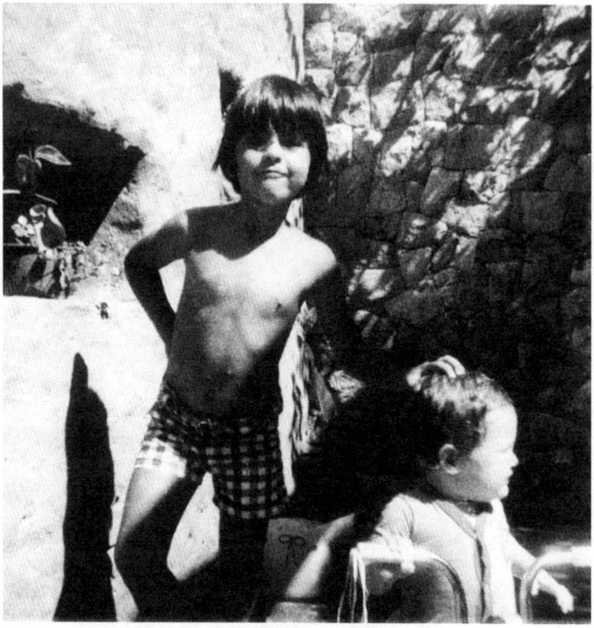

CAPÍTULO 9

"TEM BOI NA LINHA, FILHO!"

Íamos tanto às obras no novo endereço da Cantareira, que já me sentia em casa. Estava desconectado da fase anterior. Virou um imóvel alugado. E uma nova vida, então, começaria. Lembro-me de ouvir algumas vezes algo sobre a alegria de ver a construção da casa e, simultaneamente, lembrar-me dos desenhos do Cesar Mariano. Eram encantadores; se ele não fosse artista de música, poderia ser desenhista ou arquiteto.

Sob o olhar cheio de imaginação, testemunhei uma casa saindo do papel e tornando-se real. Foi incrível. No segundo andar da casa ao lado, meu lugar favorito: o estúdio de ensaio. Não havia restrição quanto a minha presença, estando eles tocando ou não. E todos estavam quase sempre na ativa. Cesar

Mariano é, desde sempre, um homem que acorda cedo e trabalha o dia inteiro, todos os dias. Alterando timbres, pesquisando equipamentos, estudando caminhos harmônicos. Havia uma consonância na ética de trabalho de Elis e Cesar. Tenho poucas memórias dela sem estar ouvindo fitas, repertório. Certa vez, peguei uma conversa telefônica dura dela: "Se quiser que eu grave, mande as boas. Não fica mandando refugo pra mim, porque eu não nasci ontem!". Sempre quis saber quem estava do outro lado da linha...

Elis buscava repertório de maneira ininterrupta, com sede, como alguém que precisa gravar pra sobreviver. Era essa a minha sensação, confirmada através dos anos. Nunca vi nela uma intérprete; pra mim, ela vivia as canções. E a casa e as coisas cotidianas alimentavam seu espírito. Encapava nossos cadernos com perfeição, por exemplo.

Bem, depois vieram as hortas, o lago dos patos, o galinheiro, a cozinha ao ar livre e a estufa de flores. Tudo ligado por caminhos de tijolos ou dormentes, pontuados por luminárias antigas com luz amarelada. Em todo o resto, mata nativa. Era bonito de ver e ótimo de viver. Parte da nossa alimentação vinha de casa; a outra parte, da serra; e, por fim, do Mercado Municipal. É das boas lembranças na minha vida andar com ela pelos corredores repletos de quase todo tipo de comida, aromas, cores e a simpatia dos vendedores conosco. Um deles, o sr. Albino Alves, eu encontro até hoje na padaria aonde vou quase diariamente. É o mesmo sorriso; as memórias não envelhecem. No mercado, em cada banca, ganhava alguma coisa pra comer. Alternava salgados e doces durante cerca de duas horas. Adorava, claro. Saía empanturrado de lá.

Em nossa primeira visita, houve algum alvoroço. Ela estava de lenço e óculos com lentes semiescuras, mas logo foi percebida. Juntou muita gente. Fiquei um pouco apreensivo porque na feira aonde íamos nunca tamanha aglomeração havia sido formada. De maneira bem desprendida, Elis deu autógrafos, gargalhadas, foi atrás do balcão, simulou ser vendedora e tudo ficou resolvido. Fomos às compras. Pela demora e quantidade, os estoques eram quinzenais ou mensais. Dois carros cheios de tudo aquilo não disponível na Cantareira, depois guardado no depósito de casa. Aliás, dele saíram algumas travessuras mais sérias, afinal o tempo passava e aos 7, 8, 9 anos eu passei a extrapolar fronteiras. Sabão em pó, álcool, tintas, fósforos e o mais importante: saber onde a chave ficava guardada.

Muita coisa errada feita por mim, minha Mãe nunca soube. O pessoal pedia pra eu não falar nada e vice-versa. Como no dia em que esvaziei a piscina, deixando água apenas no fundo. Trouxe o São Bernardo junto, passei sabão em pó nos azulejos e estava pronto o escorregador. Até o Pedro, com seus 3, 4 anos, desceu sentado comigo. A vida era um laço de felicidade. A babá, claro, pegou ele de volta – uma vez bastava. Maior festa. O nó começou quando foram tentar tirar o São Bernardo de dentro da piscina. Cobertores, cordas, ele bem contrariado e a água da piscina completamente turva. Percebi ter passado do ponto quando ouvi: "Não vai dar tempo de deixar a piscina clarinha". Resumo: minha Mãe chegaria e veria a bagunça. Ficou acertado: eu ficaria na minha e o rapaz da piscina diria ter colocado um produto pra assentar a sujeira. Deve ter funcionado, pois nada chegou a mim.

Esse pacto de silêncio nasceu de uma travessura inocente, mas grave. Nossa casa ficava em um espaço plano escavado no terreno com declive levemente acentuado, posicionada a alguns metros de uma parede de plantas. Apenas o telhado podia ser visto da rua. Olhando de lado, era um corte de um pouco mais de 90 graus com a construção encaixada.

Bem, a parede verde estava seca e eu coloquei fogo em uma, apenas uma, barba-de-bode. O que poderia dar errado? Tudo. Em alguns segundos, estavam todas em chamas. Era uma parede de chamas. E a parte mais próxima era exatamente o segundo andar, feito de madeira. A sorte foi o vento bater contra o sentido da casa e o mato acabar quase instantaneamente. Foi rápido, mas parecia o fim de tudo. A decisão – sei lá por que simplesmente não relatavam os fatos – foi dizer ter sido algum cigarro aceso jogado da rua. Deve ter funcionado, pois nada chegou a mim. Nem quando liguei o carro, um Alfa Romeo TI-4 engatado na garagem, e ele avançou na proteção de madeira, desmontando-a, "rebaixando" parte do telhado, ficando com duas rodas pra fora do platô de concreto. Uma Rural Willys, uns 6 caras pra erguer o carro e um conserto feito em poucos dias deram um ponto-final silencioso. Como nunca mais vi a chave do carro onde sempre ficava, creio ter existido alguma negociação.

A única vez pego em flagrante nessa temporada na serra aconteceu numa ocasião em que ela saiu e voltou em seguida. Esqueceu ou estava pressentindo algo. Dancei. Eu havia acabado de colocar 3 caixas de sabão em pó na máquina de lavar. Quando minha

Mãe entrou, a espuma já estava bem esparramada. Aliás, era muita espuma. A máquina quebrou. Um pequeno caos. Dessa vez, o diálogo foi sério, do tipo: "Parou aqui, agora!". E pra pagar o prejuízo fui limpar o canil, o galinheiro e o lago dos patos durante cerca de um mês. Ou mais ou menos isso.

Também na mesma época, fui informado de que iria para um colégio público localizado no pé da serra. De modo amoroso e rigoroso, ouvi: "É preciso conhecer o Brasil de verdade. Vai ser bom pra você". E foi. Estava muito dândi. Durante alguns meses, minha Mãe levava-me e buscava-me diariamente. Creio ter sido um período bem caseiro, de escolha de repertório ou ensaio. E eu adorava ir e voltar da escola com ela. Eventualmente, Elis ia nos levar, mas naquele tempo foi mais intenso. E só eu fui matriculado na escola pública.

A única ordem expressa era manter em segredo o fato de eu ser filho da Elis. E assim atravessamos alguns meses. Ela aguardava a três quadras e eu ia a pé até a Belina, carro utilitário da época. A tensão inicial dentro da escola foi resolvida com alguma diplomacia. O que me chocou e entristeceu foi, logo na primeira semana, ter assistido a um aluno convulsionando e passando mal durante uma aula.

Foi um choque testemunhado por mim. Na semana seguinte, um colega desmaiou logo cedo. Disseram ser de fome. Contei pra minha Mãe. Nós choramos e ela nos lembrou de que cada grão de comida no prato teria de ser respeitado. Há uma entrevista dela falando sobre isso.

As marcas importadas, as vantagens, a estrutura com pessoas trabalhando em casa, tudo virou secundário e meio caricato diante da nova rotina. O único ponto assustador e causador de ansiedade eram os capangas, geralmente de óculos escuros, às vezes de camburão, às vezes de Dodge, parados quase todos os dias na esquina, nos olhando de maneira ostensiva, seguindo-nos por algumas quadras e, depois, mudando o curso. Demorei algum tempo pra compreender o quadro. Em determinado dia, sentado no banco traseiro, olhei pra trás e ouvi dela: "Tem boi na linha, filho". Entendi e senti medo. Elis evitava comentar o assunto. Ir e voltar todo dia já continha muitos riscos e enfrentamentos. No entanto, paciência tinha limite e seu estoque parecia estar no fim quando baixou o vidro e falou: "Covardes e desocupados! Ficam vigiando uma mãe e seu filho. Não têm mais nada pra fazer?!". Era uma vigília silenciosamente violenta. Somadas às aulas de educação física, nas quais eu tomava entradas duras no futebol, à hora do lanche (adorava gelatina com arroz-doce) e à fonte no final da rua, essas foram as lembranças desse período fundamental pra minha formação, em especial por tê-la diariamente ao meu lado enquanto estudava na escola pública. Conversávamos demais.

E, inevitável, passávamos pelas questões políticas. Eu queria entender o porquê de sermos vigiados, de termos ficado anos sem telefone em casa por causa de gravações… Por que as cartas ameaçadoras? Por que éramos gravados, afinal? Ela explicou, de forma geral, o momento vivido no país e ainda apresentou uma nova palavra, necessária de ser driblada a todo tempo por metáforas: a censura. Lembro ter emudecido enquanto minha Mãe explicava o significado de metáfora.

Ampliando meu processo de humanização, meu irmão Pedro, com cerca de 2 anos, foi a primeira pessoa (fora Elis) a demonstrar um amor por mim que me fez chorar. Havia voltado de uma operação nos olhos e mal podia enxergar. Nossa Mãe deu algo a ele. Segurou, tateou e perguntou: "E pro João, mamãe?". Fiquei muito, muito emocionado. Creio ter descoberto ali, na prática, o significado da empatia.

A menina Elis e sua família. Irmão, mãe, tia e pai. Porto Alegre, início dos anos 1950

No início da adolescência, em um momento "eu quero uma casa no campo". A leveza dos primeiros anos. Porto Alegre, fim dos anos 1950

Primeiros passos em um estúdio de gravação, 1961

O impensável: Elis e Ronaldo casando. "Bem feito pros dois", disse um fanfarrão

Em uma reunião na escola. O quadro, uma obra do acaso

Minha Mãe em uma das raras vezes em que meu pai andou de avião. Sedado, provavelmente

O Globo - Nina Chars

O clássico livro do bebê, feito amorosamente por Ela

Elis e eu. Amo e preciso dessa imagem

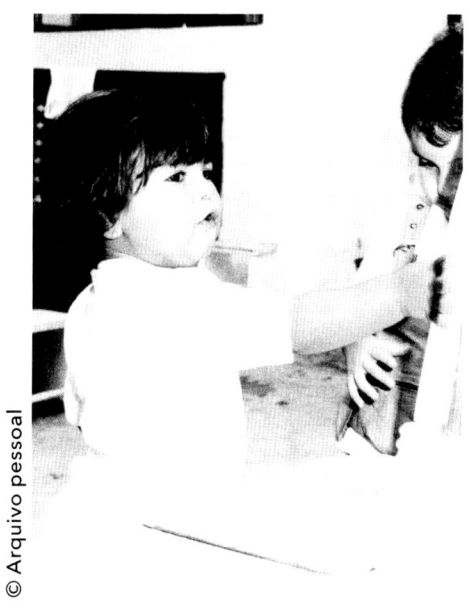

© Arquivo pessoal

© Arquivo pessoal

Na escola, sempre acima do peso depois do susto pós-nascimento.
Rio de Janeiro, 1972

Eu, com 1 ano e meio, subindo e descendo escadas na Avenida Niemeyer

Em São Paulo com a Doli, na casa da Rua Califórnia. Felicidade total

Na cadeira de balanço Dela. Onde foi parar?

Eu e o Pedro no jardim da casa do Brooklin.
São Paulo, 1975

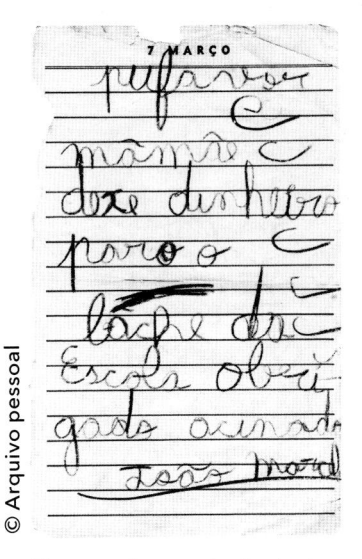

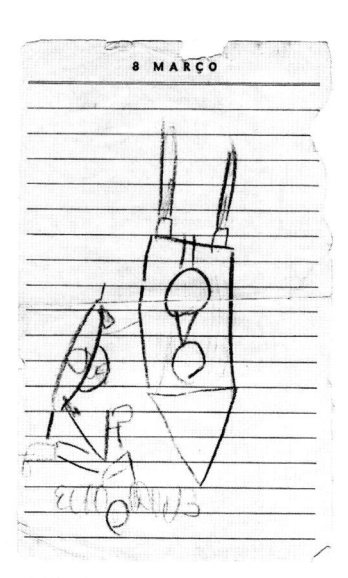

Ela guardava tudo. Inclusive esse bilhete, pedindo dinheiro pro lanche

E esse olhar...

Guardo seu banquinho de madeira até hoje, um dos objetos mais importantes pra mim. Foi uma das grandes emoções da minha vida, seguindo fluente e repleta de experiências. Um outro tipo de amor, puro, incondicional e genético surgia e transformava-me profundamente ali, em segundos.

Em casa, certa vez, escalando a estante de livros, caí e trouxe um monte deles comigo. Fui arrumando-os todos e um chamou minha atenção pela capa e pelo título. Era *A ilha*, de Aldous Huxley. Minha Mãe passou por mim e falou em tom bem-humorado: "Humm... lendo Aldous Huxley, hein?". Uma onda de satisfação passou pelo meu corpo. Eu a havia impressionado. Perfeito. Era algo sem retorno. *Mafalda*, do seu amigo Quiño; *Asterix*, de Goscinny e Uderzo (este último também conheceu Elis); *Rango*, de Edgar Vasques; *O menino do dedo verde*, de Maurice Druon... Todos eles permaneceriam comigo, mas meu gol era impressioná-la. Borges, Marquez, Clarke, Asimov, Kafka, Neruda, Vinicius, Millôr, Shaw. Valia tudo. Até ler três vezes sem entender. Notei também uma mudança nas pautas de nossas conversas. Houve um rito de passagem natural.

Se os discos e os fones faziam-me sentir um super-herói, os livros me deram algo diferente. Além dos conteúdos escritos, os livros tornaram-se uma troca de amor, um modo de estar com ela, aprender e sempre tentar impressioná-la. Em minhas lembranças, são raros os momentos em que Elis não estivesse com livros. Pra mim era algo natural, fazia parte do look. Bota, calça, camisa, casaco, óculos, bolsa e livros. Observando hoje em retrospecto, parece-me uma pessoa com necessidade de ler. Alguém curioso, em busca de perguntas, respostas, ideias. Posso dizer com precisão: minha Mãe lia demais, o pensamento com emoção ampliava-se semana a semana. Acredito ter ajudado na escolha de repertório, no modo como tratava a palavra, a sintaxe, a prosódia.

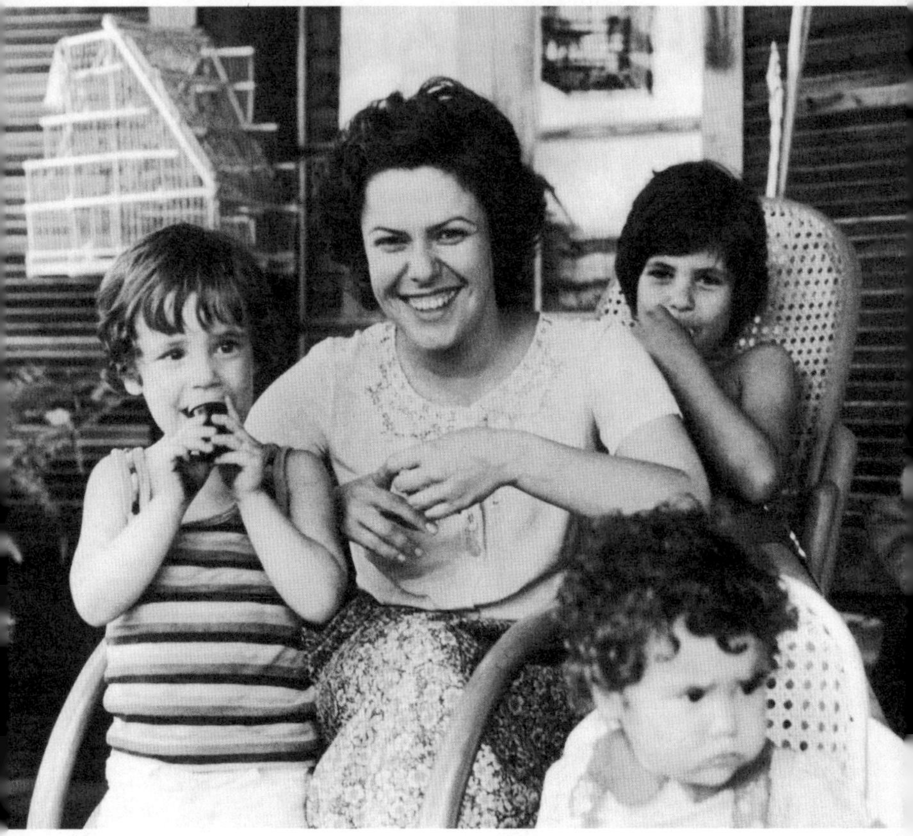

CAPÍTULO 10

RIO QUE MORA NO MAR

Durante a temporada do show *Transversal do tempo*, moramos meio ano no Rio. Fui estudar no Colégio Andrews e senti um pouco a adaptação. Pegavam no meu pé por causa do sotaque. Certa vez, contei pra minha Mãe sobre um sarro tirado de mim pela professora diante da sala. Todos caíram na gargalhada. Menos eu. E Ela. No dia seguinte, Elis foi à escola tirar satisfações. A porta da sala dos professores (ou da diretoria) estava fechada, eu do lado de fora e a voz dela atravessando as paredes. Depois dessa ocasião, os professores pararam. A diretora foi muito sensível comigo, pedindo desculpas em nome da instituição. Os alunos prosseguiram tirando onda, claro. Minha solução foi voltar a falar com acento local e tudo certo.

Gostava de lá. E poder usar calça jeans como uniforme era bem liberal.

A vida no Rio era muito boa. Morava na General Urquiza, vivia na praça ao lado ou na praia. Aprendi a jogar dicionário, um jogo de definições e votações baseadas no livro, vi o Cesar Mariano fazendo animações quadro a quadro com bichinhos, assisti à sombria Copa de 1978, estudava francês com a minha Mãe e ia ao show com alguma frequência. Era um espetáculo pesado. Tinha sirenes, luz bem dramática e, por fim, algo detestável de ver: minha Mãe com uma roupa manchada de sangue cênico. Desconfortável. Em casa, seguiam as interceptações telefônicas; tudo parecia ser gravado. E houve evoluções. Os trogloditas apareciam na rua às vezes com câmeras Super 8; a porteira do caos estava aberta. Anti-humano e torturante.

Agora, difícil mesmo, pra mim, foi ir até a loja em frente ao nosso prédio e fazer compras sem autorização. Falcon, canetinhas, um globo terrestre, borrachas com cheiro de *tutti frutti* e outros produtos. "Depois minha Mãe acerta a conta." Não acertou. Ao saber, ela me deu uma bronca daquelas, perguntando se eu tinha perdido a noção do perigo, e determinou o impensável pra mim: devolver tudo.

Foi a maior vergonha da minha vida até então e a primeira vez que ouvi a frase: "Sua Mãe é rica, mas a minha não é. Tome tenência, menino". Tremi.

Quando a excursão do show *Transversal do tempo* iniciou, os 3 filhos acompanhavam durante as férias a trupe sempre quando possível. Eu falava demais, perturbava bastante, apertava a campainha do quarto dos músicos pela manhã, às 6h30, na maior parte das vezes sem obter resposta. Ocupava muito espaço, enfim. Certa vez, toquei no quarto dos diretores. Um deles colocou minha cabeça na privada e puxou a descarga. Deve ter sido feito com algum cuidado porque não me afoguei, mas meus cabelos ficaram encharcados e eu aprendi a ficar mais na minha. Parei de perturbar? Não. Mas diminuí bem. A tal "noção do perigo" surgiu.

Continuava adorando ouvir de relance os músicos elogiando a Elis. A cada dia me encantava mais ver minha Mãe ao vivo, procurando algum detalhe vocal citado por seu grupo musical.

Uma memória deliciosa foi vê-la passando trote pra uma loja do hotel em alguma capital, cujo nome minha memória não alcança – procedimento fanfarrão e divertido apresentado a ela por meu pai, Ronaldo Bôscoli, soube anos depois. Ela ligou, chamou alguém cujo nome já sabia. Disse ser Elis Regina e querer ir cantar ao vivo pro cidadão. Incrédulo, pedia educadamente pra desligar etc. Na quarta vez, perdeu a paciência e gritou xingamentos do outro lado da linha. Nesse ponto, era o momento de descer. Fui junto. Quando ela entrou na loja, o cara percebeu ser Elis de fato. Ela ainda emendou: "Puxa, eu queria tanto cantar pra você... Por que brigou comigo?". O constrangimento era total; a pessoa parecia à beira de um desmaio. Todos riam e ela acabava comprando algo como uma espécie de compensação.

Achava o máximo ter uma Mãe com tanta autoridade e ao mesmo tempo ser tão brincalhona. No final do *tour*, São Paulo e a guerra dos sotaques me esperavam. Todavia, um fato inegável: era mais confortável ser carioca em São Paulo do que o inverso. Ser do Rio de Janeiro trazia algum encanto. Pelo menos, era minha impressão.

Henfil do alto da Caatinga
ZEFERINO
em
O BÊBADO E A EQUILIBRISTA
BOTA A BOLACHA NO PRATO ORELANA!
DEIXA DE SER EXIBIDO ZEZÉ...
LADO 1 - FAIXA 2
BEIJE-ME...
MININO! QUE INTRODUÇÃO DO CÉSAR...
TÔ RUPIADINHA Ó... Ó...
ISTO É FELLINI PURO!
BOTA O INÍCIO DE NOVO PELAMOR DE DEUS!!
ISTO É FELLINI PURO!
JÁ FALOU...
CAIA A TARDE FEITO UM VIADUTO E UM BÊBADO TRAJANDO LUTO ME LEMBROU CARLITOS
CANTA PATATIVA CANTA...
TÔ TE ESTRANHANDO ZEZÉ...
A ELIS ANDA CHUPANDO PASTILHAS VALDA, TEM QUE TÁ...
A LUA TAL QUAL A DONA DO BORDEL PEDIA A CADA ESTRELA FRIA UM BRILHO DE ALUGUEL
ESSA MULHER!
TÃO GANHANDO QUANTO PRA FALAR O NOME DO LP?
ESSA MULHER!

Painel 1:

E NUVENS LÁ NO MATABORRÃO DO CÉU CHUPAVAM MANCHAS TORTURADAS QUE SUFOCO LOUCO ♪

— O QUE QUI A EDUCAÇÃO DO ALDIR BLANC TEUE QUE A MINHA NÃO TEVE?

Painel 2:

E BÊBADO COM CHAPÉU CÔCO FAZIA IRREVERÊNCIAS MIL PRA NOITE DO BRASIL

— EU SINTO QUE A ÉLIS TÁ EMOCIONADA, EU SINTO...
— ÉLIS UMAS TIXAS! ÉLIS! É! É! ÉLIS!
— ATENÇÃO! ESTE BRASIL RIMA COM... ♪

Painel 3:

QUE SONHA COM A VOLTA DO IRMÃO DO HENFIL COM TANTA GENTE QUE PARTIU NUM RABO DE FOGUETE ♪

Painel 4:

CHORA A NOSSA PÁTRIA-MÃE GENTIL CHORAM MARIAS E CLARISSES NO SOLO DO BRASIL ♪

— SAI! SAI NOJENTO! VAI SE ENROSCAR NA BAIXINHA NOTÁVEL!!
— ÓIA! ÓIA! NOTARAM A AQUARELA DO BRASIL?

Painel 5:

MAS SEI QUE UMA DOR ASSIM PUNGENTE NÃO HÁ DE SER INUTILMENTE A ESPERANÇA DANÇA ♪

— PÔ, GRAÚNA! VAI DIZER QUE VOCÊ NÃO GOSTA DA VOZ DA...
— VOU DIZER QUE É UM... UM... DESPERDÍCIO!
— BOA! FINAL PRA CIMA!

Painel 6:

— PRONTO! O HINO DA ANISTIA TÁ PRONTO...
— A ELIS SABE O QUE ESTÁ CANTANDO. ELA VIVEU A MÚSICA...
— TÃO ACHANDO O QUE? QUE UM DISCO VAI CONSEGUIR A VOLTA DOS RAPAZES??

Painel 7:

(MEXICO)

CAPÍTULO 11
O PRIMEIRO MEDO DE PERDÊ-LA

Quando voltamos pra serra da Cantareira, havia uma nova escola local, a Pindorama. Eu tirava boas notas, mas seguia nas traquinagens. Um dia, entrei em um tubo de água e desapareci. O diretor Tom Gomes ficou desesperado; devo ter passado quase uma hora lá dentro. No mais, tudo tranquilo. A coleção de revistas *Hustler* surrupiadas do caseiro foram logo interceptadas pelo mesmo diretor e tudo acabou bem. Na escola, construída em meio a milhares de metros quadrados de natureza, experimentei minha primeira apresentação em público tocando percussão e cantando. Tive um acesso de riso com meus colegas e atravessei o ritmo. Ouvi comentários nada edificantes dos meus pais na volta pra casa.

Nessa fase, comecei a ler mais atento às fichas técnicas dos discos e observava os dizeres: "Produzido por Quincy Jones"; "Produzido por Maurice White"; "Produzido por Stevie Wonder"; "Produzido por Eumir Deodato". Desconhecia a função, mas fiquei curioso pra descobrir e perguntava, perguntava... Quando ia ao estúdio, entupia as pessoas de perguntas. Conhecer o trabalho de um produtor musical, englobando o processo como um todo, somado ao amor pelos bastidores, local onde tudo acontecia, selou minha escolha profissional. E aprendi ser o maior ato de respeito ao público fazer o que se acredita. Se quisesse seguir pesquisas, o ofício seria outro.

Em meio a essas descobertas musicais, em um dia qualquer, voltando da escola, estava descendo as escadas de acesso à casa quando vi minha Mãe me esperando. Ao me aproximar, ela me abraçou. Estava chorando, comovida. Vi estar diante de uma mulher, de um ser humano em um momento de tristeza, de fragilidade. Amadureci alguns anos ali, naquele instante. À noite, ela veio dormir na minha cama. Senti-me forte. Ela buscou refúgio no nosso quarto, meu e do Pedro. Maria era um bebê. Também me senti frágil, afinal ela veio buscar refúgio no nosso quarto. Se aquela pessoa tão forte estava naquele estado de espírito, era inevitável algum temor. Por fim, as sensações positivas profundas prevaleceram.

Os sentimentos e as memórias afetivas dessa sequência aos 8 anos de idade são dos mais importantes em minha vida. Eu podendo apoiar, abraçar, retribuir uma quantidade fora do normal de amor dedicado por essa mulher aos filhos. Era claramente uma crise conjugal profunda e havia um abrigo, uma proteção. Nós, seus filhos. Muitos frutos foram colhidos naquela noite, dando-me força e direção, mas é difícil viver sem ela.

Nesse período, lembro-me de ouvir falar de um novo álbum, *Essa mulher*, de 1979. Não tinha nome ainda, estava em estado embrionário: seleção de repertório, escolha dos músicos. A gravação foi no Rio de Janeiro. Visitei o estúdio apenas dois dias dessa vez. Como morávamos em São Paulo e tinha a escola, foi mais difícil.

Fiquei muito feliz em rever minha formação favorita dentro do estúdio: Luizão Maia (baixo), Paulinho Braga (bateria), Hélio Delmiro (guitarra), Chico Batera (percussão), Márcio Montarroyos (trompete), Maciel (trombone), Zé Bodega (sax), a rapaziada da Padre Miguel em alguns sambas e Cesar Camargo Mariano (piano, teclados, arranjos e produção). E compositores de outro planeta: Baden Powell, Paulo Cesar Pinheiro, Cartola, João Bosco, Aldir Blanc, Danilo Caymmi, Sueli Costa, Ana Terra, João Nogueira. É um dos meus discos favoritos. Nesses dois dias, vi acontecer algo recorrente com Elis: colocar uma voz-guia para os músicos tocarem e, depois, essa mesma voz tornar-se a definitiva.

Na minha vida adulta, tive a chance de trabalhar em 4 álbuns da Elis (restauração, mixagem e masterização). Em números precisos, 7 em cada 10 vozes desses álbuns são voz-guia. Não há emendas; é sempre uma tomada única. Gargalhar ou chorar afinado ou ainda usar a afinação mais alta ou baixa pra passar um determinado sentimento é pra poucas pessoas. Nunca vou me acostumar ao seu talento, repetindo as palavras de Miele. Passei a achar Elis a melhor. Ainda mais ouvindo a mesma opinião de praticamente todos naquela gravação.

O ano de 1979 foi especialmente agitado. "O bêbado e a equilibrista" (Bosco/Blanc) explodiu em nível nacional, tornando-se uma espécie de hino pela anistia, pela liberdade de expressão, por novos ares no país. Ela saiu em excursão de ônibus, primeiro pelo interior de São Paulo, depois foi abrindo. Como gravavam muito em estúdio, os músicos do disco não participaram dos shows. Era outro time.

Quando o ônibus azul escrito "Elis, essa mulher" chegava às cidades, era um corre-corre. O primeiro tapa na janela assustou-me, confesso. Era muito diferente do clima das viagens com conversas, piadas, músicas nas caixas de som e as magníficas paradas nos postos com suas comidas, bebidas e doces.

Em uma dessas cidades, entre uma música e outra, alguém gritou na plateia: "Canta 'Atrás da porta'". Ela respondeu: "Já saí de trás da porta faz tempo, amigo". E contou: "Um, dois, três, quatro...". Elis não tinha o hábito de cantar sucessos em seus shows nem de seguir imposições. O roteiro do show novo era sempre baseado no disco novo, essencialmente. Uma ou outra faixa poderia aparecer, mas só se a história pedisse. E nem por isso ela deixou de fazer temporadas de seis meses, no mínimo, quando não estava em *tour*. O álbum mais recente era apresentado. Ponto. E ainda trazia outras canções inéditas. Mesmo assim, nunca a vi terminar uma música sem ser aplaudida.

Nesse mesmo ano, minha Mãe e o Cesar Mariano foram ao Japão e à Suíça. Dessa vez, com a banda que gravou o disco, o Dream Team. Pra eles e pra Elis, foi incrível. Tóquio, Osaka, Festival de Montreux. Elis descobrindo que Herbie Hancock, seu ídolo, a conhecia e desfalecendo por isso. Tudo muito especial.

Sobre Montreux, vale uma nota. Elis fez no mesmo dia 2 shows longos, com muita demanda vocal; um à tarde, o outro à noite. O primeiro ela adorou. O segundo nem tanto. E foi justamente esse segundo o show gravado: *Elis em Montreux*.

Pediu em vida (e em vão) pra prometerem que esse material nunca fosse lançado. A promessa foi quebrada. Como documento é fundamental, mas ela desaprovou, que seja registrado. Por minha Mãe, não sairia. A melhor performance nunca será ouvida.

De volta ao Brasil, pra eles incrível; pra mim, nem tanto. Foi uma viagem mais longa, incomum. No final, estava com medo de o avião cair, sei lá por quê. Sentia-me infeliz nos dias anteriores à chegada deles. A Cantareira estava sem encanto. E, pra piorar, eram férias de julho. Um misto de tédio, saudade e apreensão.

Foi assim até o dia da chegada. Lá estava ela, no alto das escadas, com sorriso aberto. Eu, Pedro e Maria vibramos, cada um a seu modo, e ficamos extasiados como só crianças ficam. Além da alegria, do meu alívio e do desaparecimento de qualquer traço de insegurança, a quantidade e o sortimento de coisas trazidas eram encantadores: caixas de som, games, teclados, roupas, pacotes coloridos de comida japonesa, brinquedos. Entre todos, um objeto específico mudou minha vida de patamar: o Walkman. Era o mês do seu lançamento no Japão e eu tinha um nas minhas mãos no meio do mato. Quando coloquei a fita cassete do Earth, Wind & Fire nos fones, em pé, no jardim, simplesmente não acreditei. Saí andando pelo terreno e a música lá. Entrei em um transe sonoro. A música portátil alterou meu destino.

Elis recebia regularmente das gravadoras discos nacionais e internacionais, além de comprar bastante. Gosto de lembrar do dia no qual ela falou: "João, o Quincy produziu o novo disco do menino do Jackson 5, o Michael". Ouvir "Don't Stop 'Til You Get Enough" com a sinfonia de percussões do Paulinho da Costa, as cordas, o vocal do Michael… Uau! Quincy Jones tinha ultrapassado todos os limites. Estava todo mundo lá: Stevie Wonder, Paul McCartney, Jerry Hey, Johnny Mandel, The Brothers Johnson, Rufus, Heatwave, George Duke, Wah Watson. Foi um sonho ouvi-lo bem forte nas novas caixas Bose de madeira.

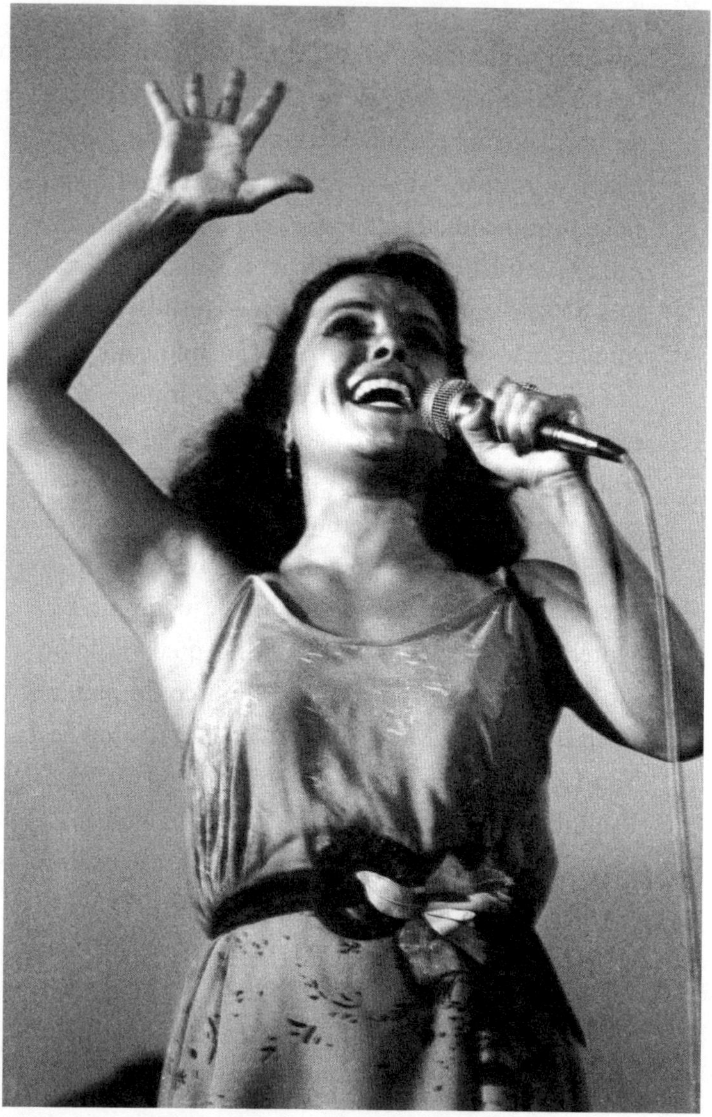

CAPÍTULO 12

SAUDADE DO BRASIL

Por ter 9 nove anos, o show *Saudade do Brasil* foi o primeiro no qual tive uma noção mais clara do processo ao meu redor. Dos outros espetáculos, trago fragmentos de lembranças. Eu guardei-os e fui montando e interpretando durante os anos seguintes. Todos foram úteis, ensinaram-me algo. Mas *Saudade do Brasil* foi diferente; eu já conseguia processar muitas informações ali, na hora. Era uma espécie de faculdade. As funções, os processos artísticos, os conflitos humanos.

Os ensaios foram em São Paulo, no Teatro Procópio Ferreira, e a temporada foi na casa de shows Canecão, Rio de Janeiro. A concepção foi na serra da Cantareira, interior. *Modus* Elis. Eu, entre 9 e 10 anos, acreditando ser mais maduro, tinha opiniões, convicções musicais próprias, falava demais.

Durante essa fase, um dia chegou em casa a gravação da canção "Alô, alô, marciano" da Rita Lee e do Roberto de Carvalho. Junto, uma folha timbrada da Trampo, produtora dos dois, com a letra batida à máquina. Sempre adorei Rita e Roberto; tipo fã mesmo. Portanto, não fazia muito sentido minha incompreensão e preocupação em Elis gravar Rita & Roberto. Escondi o material. Engraçado um moleque imaginar poder interferir na vida profissional da Elis Regina. Sem ouvir nada, "decidi": *Elis não vai gravar essa música*. Durou dias, porque veio a pergunta: "Alguém viu um material que a Rita enviou?". Na sequência, tirei da minha gaveta de roupas – esconderijo mais óbvio do mundo – e misturei aos objetos da estante de música.

Soube ter tido um anúncio em jornal convocando músicos e bailarinos iniciantes para o novo show da Elis Regina. Algo simples e direto. Talvez pelo despojamento da peça, não se imaginou o previsível: apareceram centenas de candidatos. Tornou-se uma odisseia. Às audições nunca fui. Vi o resultado delas na Elis e no Cesar. Havia frescor, jornadas longas de trabalho, conversas e exaustão. Muita intensidade.

Lembro-me de muitas partituras dispostas sobre a mesa da sala de jantar, das aulas e ensaios no Ballet Stagium da Marika Gidali e Décio Otero, dos comentários feitos por Ademar Guerra, diretor do show. Entendia algumas linhas gerais. O todo sendo realizado ali, na minha frente, traz ainda hoje uma sensação de prazer físico. Ver os metais e palhetas ensaiando todos os dias durante semanas era inédito em minha vida. Já tinha assistido a muitas gravações de metais, mas em média duram horas. É diferente. Aquela estava sendo uma nova experiência. O desenvolvimento, as considerações, alterações, a primeira compreensão sobre a existência de um roteiro, a intensa rotina de ensaios e reuniões criativas, tudo surgia diante dos meus olhos. Aprendi demais.

Também adorava as roupas do *Saudade do Brasil*. Já sentira a força do figurino no show durante o *Falso Brilhante*, mas eram fantasias. Já em 1980 estava sendo estabelecida uma cultura *sportswear* bem intensa que chegaria às passarelas anos depois. Roupas de academias foram às ruas e o show trazia algo desse universo, fazendo uma reportagem estética daquele momento. Senti-me identificado. Aquela linguagem era vista no filme *Fame*, em séries de TV, editoriais de moda, vídeos.

Além da movimentação intensa no Teatro Procópio Ferreira e no Ballet Stagium, em que ficavam os bailarinos boa parte do tempo ensaiando as rotinas coreográficas, houve um marco profundo naquele período. Cumplicidade, ética com os colegas de ofício e comunhão ganharam significado real em uma única ação do Cesar Mariano.

Esse era um espetáculo formado, em sua maior parte, por pessoas em início de carreira, com pouquíssima experiência profissional; logo, boa parte do trabalho da direção mais experiente era desenvolvê-las. E o Cesar era um dos pilares desse processo. Chegou então aos seus ouvidos uma informação inaceitável pra ele. Era algo covarde em certa medida e poderia rachar o grupo, implodindo o projeto. Um dos poucos músicos veteranos estava minando ininterruptamente seu par no naipe de metais, que tinha 18 anos, era talentoso, educado, calmo e bonito. Além disso, tinha como ourives sonoro, além de si, Cesar Mariano, um mestre em desenvolver músicos, deixando seus potenciais a pleno vapor. O maestro ficou bravo e pediu a todos os envolvidos no espetáculo – todos mesmo – para sentarem no palco porque ele falaria. Bailarinos, músicos, equipe técnica, diretores, Elis. Em pé, de costas pra plateia semivazia – estávamos lá eu e mais pouquíssimas testemunhas –, começou a falar em tom baixo e firme, mas pude captar algumas palavras-chave. "Cumplicidade" e "companheirismo" eram algumas mais nítidas.

Tomando cuidado, avancei alguns corredores pra ouvir melhor. A essência era aquela mesma. Aonde chegaria aquele discurso? De repente, o fechamento: "É por essas razões que você parou. Agora", disse, apontando para o músico que conspirava pra tirar o parceiro mais jovem e inexperiente da empreitada. Parecia que alguém havia apertado a tecla "pausa". Era possível ouvir uma mosca voando dentro do teatro. O músico pediu desculpas e não demonstrou tristeza; apenas pesar. Da cadeira onde estava sentado até o *case* do seu instrumento, parecia tudo passar em câmera hiperlenta. A atmosfera podia ser fatiada, tamanha a densidade. Saiu caminhando entre as cadeiras e partiu. Depois desse incidente, surgiu uma coesão ampla, geral e (quase) irrestrita.

Lá fomos de volta ao Rio. Morávamos na rua Francisco Otaviano, bairro do Arpoador. Vi a pista de patins ser construída. Era uma febre em 1980. Todos os dias ia checar em que pé estava a obra.

Quando inaugurou, andei até ter cãibras. Depois, um mergulho no mar.

Nesse apartamento, escapei de fazer uma bobagem gigante. O papa João Paulo II, amigo do Reagan, passaria na rua onde morávamos. Foram montadas arquibancadas, afinal era um acontecimento e tanto. Quando saiu na TV a notícia do trajeto da comitiva papal, algum irresponsável na sala falou: "Tem que jogar umas laranjas nele". Um desrespeito muito grande, algo grave. Como criança, alheio a esses julgamentos, tratei de juntar algumas laranjas, acordei com o nascer do sol e estava pronto pra colocar em prática a sugestão inconsequente. Lembro-me apenas de ver como mais uma travessura. Estava em uma fase calma, comportando-me bem havia algum tempo. Fiquei de olho na janela, observando a chegada das pessoas às arquibancadas, e na porta de acesso aos quartos, minha rota de fuga. Por obra do acaso, houve uma mudança no trajeto do papa e eu fiquei frustrado no primeiro instante. Com o passar do tempo, imaginei poder ter sido a maior confusão da minha vida. O destino foi generoso e poupou a todos – a mim principalmente. Aos 9 anos, aprendi a necessidade de filtrar o que se fala perto de crianças. E pessoas.

Ainda no Rio – poderia ser em qualquer lugar onde ela estivesse –, tenho péssimas lembranças de algumas poucas festas em casa. Vampiros, parasitas, puxa-sacos, bajuladores, alpinistas sociais, lobistas, o maldito *networking*, bando de encostos sorridentes. Gosto do trabalho e dos trabalhadores. A cambada, a corja adjacente, me enoja até hoje. Na minha modesta opinião carioca, dar luz a esses monstros sem ofício é um dos fatores mais autodestrutivos da cidade. E garanto ser a opinião de muita gente séria e comprometida com o Rio de Janeiro, todos responsáveis por o Brasil estar no mapa mundial (por boas razões), ajudando a forjar esse pensamento em mim. Tenho asco do decano "star system".

O show *Saudade do Brasil* era um sucesso. Meses em cartaz no Canecão, uma bela produção com banda grande e corpo de bailarinos. O elenco era formado por pessoas mais novas, que eram divididas em apartamentos alugados; espécie de repúblicas artísticas. Certa vez, convenci minha Mãe a me deixar passar uma tarde no apartamento dos músicos mais novos. Era um ambiente lúdico em todos os sentidos. Havia música, gente estudando, conversas, eletricidade no ar. Imagine jovens adultos, alguns ainda adolescentes, estarem no Rio tocando com Elis e instalados em um bom local. Momento excitante e inesquecível pra eles, presumo. Lá vi cânhamo pela primeira vez. Curiosamente, poucos eram os músicos que fumavam. Tinham tão pouco... Tragavam, expiravam dentro de uma garrafa, passavam ao próximo. Este tragava a fumaça da garrafa e depois o cigarro. Como dizia Vinicius de Moraes, era uma pobreza franciscana. Falando em Vinicius, sua morte, em julho de 1980, devastou minha Mãe emocionalmente. Embora fosse cunhado do meu pai, ele casou com minha tia Lila com quem teve duas filhas, primas-irmãs. Foi por intermédio da minha tia que tive contato mais profundo com o poeta. Quando fomos à sua casa, achei surreal ele nos receber na banheira. Livrinhos, uisquinho, bate-papos. Era uma experiência completamente inédita. E eu entendia metade das suas palavras.

Nesse mesmo mês de julho, fiz minha primeira viagem internacional sozinho. Primeiro, Disneyworld; depois, Machu Picchu. A cara dela. Um novo choque de realidade. Foi maravilhoso pra minha formação, mas a pobreza das crianças iguais a mim era perturbadora e revoltante. E a ordem da viagem foi providencial, eu acredito. Se fosse ao contrário, talvez o Mickey anestesiasse a dor e o desconforto.

Ficou mais clara a complexidade do mundo. Curiosamente, minha guia foi a grande cantora Lenita Bruno. Fazia tanta bagunça, deixando como única opção dormir no quarto com ela. Lembro-me de a minha Mãe chorar ao descobrir Lenita longe dos microfones e transformada em guia turístico por falta de trabalho, opção. Essa profissão é muito interessante quando há o desejo de exercê-la. Justo ela, Lenita Bruno, que com seu marido, Leo Peracchi, um dos maiores orquestradores do Brasil, inspirou de alguma forma *Elis & Tom*, estava trabalhando em outra área para se manter ou por alguma desilusão com o meio artístico. Havia muitas histórias e sentimentos envolvidos.

Voltando ao show *Saudade do Brasil*, houve um momento delicado após o qual ficaram para mim algumas lições. Nem sempre a pessoa mais legal e mais esforçada toca o suficiente pra segurar a bronca. E foi inevitável uma substituição: Picolé, um dos meus bateristas preferidos, rei das gravações na cidade maravilhosa, veio resolver um assunto que se arrastava havia semanas, tornando-se crítico e acabando por ter seu ápice na gravação do álbum. É simples de ser compreendido. Ao vivo, o pessoal segurava o som, mas no estúdio ficava indisfarçável a diferença entre o Cesar Mariano e boa parte dos músicos. Sim, foi uma opção: ter sangue novo, novos processos, apetite juvenil, gana, algo como o frescor do orvalho nas folhas de manhã. Mas orvalho não grava. O disco, embora antológico, deve ter envelhecido o maestro alguns anos. Saiu sangue. Houve sofrimento e preocupação humana no desligamento do músico Sagica, que fora substituído por Picolé após o término das gravações. Durante as preparações para o show, os caras ficaram ensaiando por meses; depois, tocando de quarta a domingo por mais um belo período. Pra alguns, mais tempo seria necessário; pra outros, nascer de novo seria preciso.

Com o Picolé, o show era outro. Ele era brilhante. Firmeza, balanço, bom gosto, economia. Foi ele quem me deu minha primeira bateria (decente). Tenho os pratos e chimbal Zildjian dos anos de 1930 até hoje. No kit, um bumbo Gretsch, caixa Ludwig, ro-tom-tom Remo, um surdo Rogers, pedais Speed King. Depois da morte da minha Mãe, tocar nessa bateria de fones ajudou de fato a salvar minha vida.

Outra passagem com Picolé marcou muito minha percepção sobre a vida e Elis como amiga de seus amigos. Certa vez, ela soube de algum apuro econômico vivido por ele. Fiquei ouvindo sua conversa ao telefone na sala de casa, meses após o término da temporada *Saudade do Brasil*. Minhas lembranças trazem ela anotando o número da conta bancária dele, o depósito de um valor substancial pra acalmar sua família e um pedido pra tudo ser mantido em sigilo. Elis era assim. Ajudava amigos e causas, mas preferia evitar a publicidade, o conhecimento dos seus atos. Parecia fazer porque deveria ser feito. Ponto. Sua generosidade não era a conta-gotas. Nem esperava retribuição. Pra minha Mãe, era algo bem constrangedor tocar nesse tipo de assunto.

Foi inevitável perguntar sobre o problema com Picolé. Ele era um dos músicos mais chamados pra gravações no Brasil. Foi das poucas vezes em que demorou alguns segundos pra responder; habitualmente, era tudo instantâneo. "Ele tá com uns problemas de saúde." Pensei em álcool, pois ele tomava uns uísques antes de entrar no palco. Elis ainda falou das horas intensas de trabalho dele, de dormir pouco, emendar um projeto no outro. Lembrei na hora que, durante o *Saudade do Brasil*, Picolé saía do show e ia tocar no Morro da Urca, no Noites Cariocas, do querido Nelson Motta, filho de um grande amigo do meu pai, Ronaldo Bôscoli, o cavalheiro Nelson Cândido Motta. Falo com muito sentimento, porque Nelson nunca deixou de me atender, de me dar atenção. Certa vez, ele me deu um presente invisível dizendo ser eu seu único filho homem. E falou também, em outra ocasião: "Meu sonho era ser o Ronaldo". Os elefantes não esquecem. As crianças também não.

Com o trompetista Cláudio Faria foi similar. Durante a temporada do *Saudade do Brasil*, ele ficou doente. Veio morar em casa até se curar. Lembro-me dele lá, mas não sabia a razão. Ficava quieto e ela dizia: "Deixem ele na dele". Anos depois, contou-me com emoção a experiência de ficar com a saúde frágil e ser hospedado por Elis em casa. Ouvi da mesma forma, emocionado.

Nesse apartamento, conheci um grande acupunturista apresentado pelo André Midani chamado Yokio. Dominava outras técnicas, mas eu não sabia quais. Via apenas os resultados incríveis. Na sequência, comida macrobiótica, arroz integral, feijão-azuqui, acelga, gergelim. Eu gostava. Era bem temperado.

Ainda durante a temporada do *Saudade do Brasil*, achei ter chegado o fim de tudo pra mim. Colocaram um chumaço de papel-toalha molhado dentro do trombone do Itacyr Bocato Jr., exatamente em um momento em que ele fazia um número gracioso com Elis na canção "O primeiro jornal". Ela cantava, ele respondia tocando. Na primeira soprada, voou papel molhado de dentro da campana do trombone por uns três ou quatro metros, aterrissando no palco, fazendo a plateia inteira cair na gargalhada. Parecia algo ensaiado. Não era. Quando acabou o show, Elis só queria me encontrar; tinha certeza de ter sido eu o responsável. Todos os limites haviam sido atravessados. Minha sorte foi o Carlos "Pepe" Raguzzo, chefe supremo de palco do Canecão, achar impossível eu ter feito aquilo. Conversando com ele anos mais tarde, me disse: "Você era agitado, mas respeitava muito sua Mãe. Não acreditava ser você o autor". Pediu pra Elis acalmar-se, receber os convidados (até hoje, não entendo as pessoas quererem ir ao camarim) e deixar o assunto com ele. Descobriu ser um dos bailarinos o responsável. Foi mantido sei lá como.

Um dia, na rua Francisco Otaviano, apareceu um piano elétrico. Pouco tempo depois, acordo e vejo um senhor tocando o instrumento, observando o mar, acordes lindos, roupa YSL Khaki, elegantérrimo. Era o Johnny Mandel, compositor do *standard* "The Shadow of Your Smile", canção do filme *Adeus às ilusões* (estrelado por Elizabeth Taylor e Richard Burton), e um dos arranjadores favoritos do Cesar

Mariano. Trabalhou com Quincy Jones e muita gente da pesada. Como surgiu, sumiu. Nunca soube o que fazia ou faria ali.

Nesse mesmo endereço, chegaram câmera VHS, telão, videocassete e centenas de filmes originais. Foi uma bela mudança. Sempre tivemos câmeras Super 8 e videogame desde o ano do seu lançamento, mas com a Video Home System (VHS) tudo era automático e mais rápido. Ligar o projetor era um ritual quase toda segunda-feira. O videocassete era ligar e assistir. Simples e bem mais acessível.

Quando terminou a temporada do *Saudade do Brasil*, Elis fez algo já realizado antes: gravou 2 discos no mesmo ano. Saímos do Arpoador e voltamos para Joatinga. Começou a ser preparado o seu último álbum de estúdio, *Elis*, conhecido por algumas pessoas como *Trem azul*, por ter uma canção de mesmo nome gravada na forma definitiva.

Seguíamos os filhos na mesma escola frequentada em 1978, o Colégio Andrews, e havia uma grande vantagem. Os estúdios da EMI-Odeon eram na rua Mena Barreto, muito perto da escola. Durante as gravações, ia direto da escola a pé assistir às gravações. E também vi outras. Djavan, 14 Bis, parceiros do Milton Nascimento, meu querido padrinho.

Durante as sessões de *Elis*, fiz uma *jam session* com ela. Essa fita, meu Santo Graal, está perdida em algum lugar. Quem sabe não a encontro um dia?

Depois de tudo gravado, fui um dia ao estúdio com o Cesar para vê-lo acrescentar alguns teclados. Lembro-me especialmente do Prophet-5 colocado no "Trem azul" e de ele ligar pro Zé Roberto, irmão do Simonal. Zé morava em frente à clínica do dr. Ivo Pitanguy, na rua Dona Mariana, ao lado do estúdio, e baixou lá pra gravar. Era um cara muito engraçado e já conhecia o Cesar havia décadas. O maestro tinha escrito algumas linhas e depois ele seguia solando. Como acontece com quem sabe das coisas, durou alguns minutos e ficou pra sempre.

Um detalhe: quando Elis gravou pela gravadora EMI-Odeon, ela ainda estava sob contrato com a Warner. Ou seja, não poderia. A Warner mandou uma notificação, mas nada adiantaria. Elis decidiu, estava decidido. E depois ainda assinou com a Som Livre. Estava com contrato assinado com três gravadoras. Só ela mesmo.

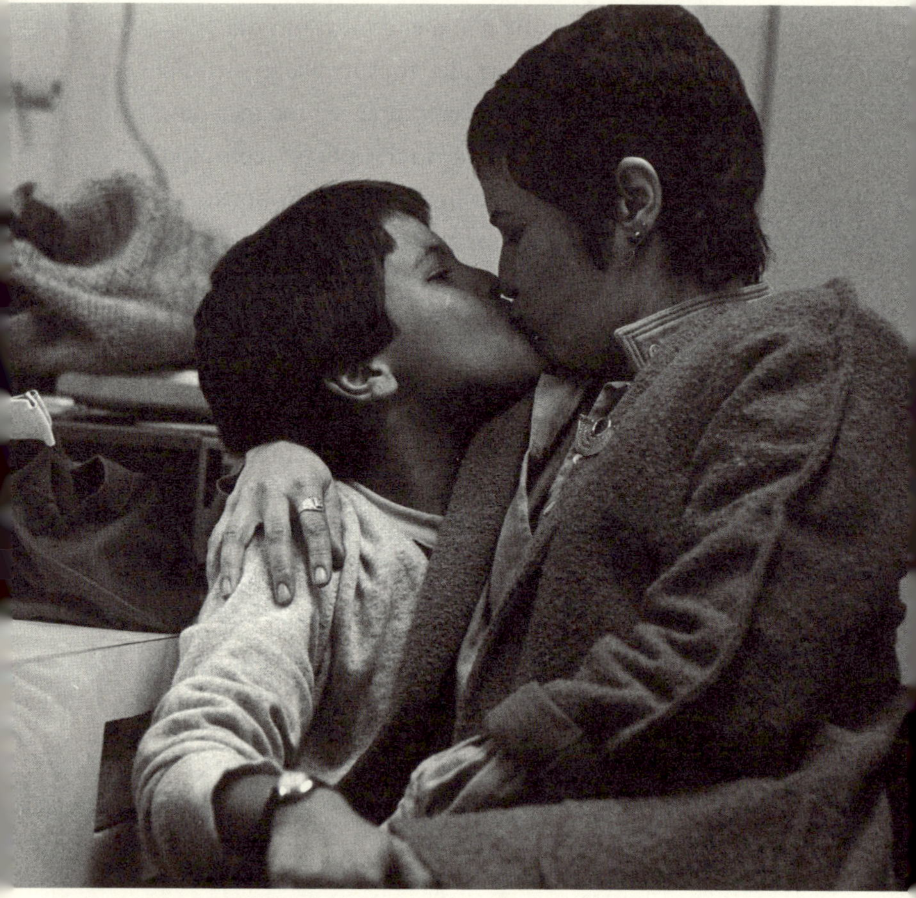

CAPÍTULO 13

A IMAGEM DO AMOR

De volta à Joatinga, houve algumas passagens memoráveis. A primeira foi a presença do Wayne Shorter, um gênio musical do século XX. Ele gravaria um álbum com Elis e estavam conversando sobre o projeto. Assisti a uns 2 filmes com ele e andamos na praia. Inesquecível. Ele era doce, atencioso e carinhoso. Sem testemunhas, ou seja, era o seu caráter. Budista, acreditava eu, fazia suas orações todos os dias. Em algumas, minha Mãe o acompanhava.

Houve uma passagem intensa durante esse período na Joatinga. Um casal de vizinhos estava brigando aos berros de madrugada e o homem pegou uma faca. Minha Mãe trouxe a mulher pra dentro de nossa casa e, quando o cara começou a gritar, ela ligou o modo Elis Regina e falou através da porta:

"Primeiro você cale a boca, porque meus filhos estão dormindo. Segundo: se você encostar na minha porta, vou ligar pra polícia e pros bombeiros e você vai em cana, xará". Silêncio. Já tinha visto minha Mãe brava, mas daquele jeito foi inédito. Completamente destemida. Senti-me muito protegido. E era a segunda vez em que a testemunhava defender uma pessoa desconhecida. Ela dizia: "É o que deve ser feito".

Desse período, uma das imagens definitivas da minha vida ocorreu na praia. Elis tinha viajado a Los Angeles pra trabalhar com o Wayne Shorter e ficaria lá por duas semanas. Eu contava as horas, embora nos três primeiros dias adorasse a liberdade de bagunçar com mais autonomia. Um dia qualquer, até então, estava deitado na praia, exausto de tanto pegar jacarés desde o nascer do sol. Olhos fechados, deitado de barriga pra cima, completamente esparramado na areia molhada pelo final das ondas. Senti uma presença e abri os olhos. Surpresa total. Lá estava ela, olhando pra mim, sorrindo com a língua entre os dentes, com o sol exatamente atrás da sua cabeça. Parecia uma semideusa. Explodi de felicidade e surpresa. Ela voltara antes do previsto. Era a imagem do amor em si. É a imagem mais bonita dela na minha memória.

Duas pessoas foram muito legais comigo nesse ano: Luizão Maia e Jorjão Barreto, ambos figuras muito afetivas. Luizão levava a mim e uma garotada pro seu apartamento e ficava tocando. Uma grande brincadeira, uma farra musical. Tinha uma paciência interminável. E posso dizer: já toquei com meu baixista favorito. O Jorjão me levou a um ensaio e a uma gravação da Banda Black Rio. O fato de o Cesar Mariano admirá-lo como tecladista e cantor – bem como Elis – dava a ele uma aura especial, confesso. E ele ouvia exatamente o meu tipo de som, apresentou-me o cantor, multi-instrumentista, arranjador e compositor Robson Jorge. Era o céu.

O ano prosseguia. Depois de ter o Wayne Shorter em casa, Elis assistiu ao show dos meus heróis Earth, Wind & Fire; após o show, foi jantar com eles. No final, falou pro Maurice White, líder da banda: "Meu filho é muito, muito fã de vocês. Tem um adesivo, uma baqueta, qualquer coisa pra levar de lembrança pra ele?". Maurice deu uma jaqueta do seu irmão Monte White com o nome deles nas costas. Quando recebi, senti uma excitação de dez Natais. Parecia um milagre. Tenho a jaqueta até hoje. E os empresários deles, do Weather Report (banda do Wayne), eram também representantes de um prodígio de quem eu tinha um compacto, mas a quem ainda não havia descoberto de forma plena: Prince.

Elis seria a próxima? Era pra isso suas aulas de inglês intensivas, com um tal de *accent reduction* no meio? Minha Mãe iria pro mundo?

No final do ano, dia 8 de dezembro, uma notícia devastadora: John Lennon foi assassinado. Minha casa parou por três dias. Foi a única vez que a vi embriagada. Estava desolada. Vinha ouvindo *Double Fantasy* e tudo ruiu. Percebi algo já intuído: os Beatles eram gigantes. Ouvia pouco, mas sabia de sua importância. Lembro-me de estarmos em um restaurante, uma mesa grande, todos tristes, e um casal sorridente ficar apontando pra minha Mãe. A mesa era próxima, então ouvi de forma nítida. Elis foi em direção a eles e em um tom tranquilo, melancólico, falou: "O John Lennon foi assassinado e vocês estão sorrindo e apontando pra mim? Um artista foi assassinado na porta de casa, em frente à sua mulher... Qual a minha importância?". Ficou aquele clima meio barro, meio tijolo. Tudo ficou bem com um abraço dela nos dois. Mudos e, a partir dali, emocionados.

Com tudo isso acontecendo, simultaneamente, veio a bomba. Repeti de ano. A praia, a música, crises em casa, a dissolução silenciosa do casamento dela e outras dispersões levaram-me a lugares onde livros e lições tinham pouco espaço. Meu último (e decisivo) trimestre na escola foi por água abaixo. Ficou bem ruim o clima comigo. Ela achava inaceitável "eu só ter que estudar" e repetir de ano. Já ter ficado de recuperação havia sido "um vexame".

O ano acabou bem, ainda assim.

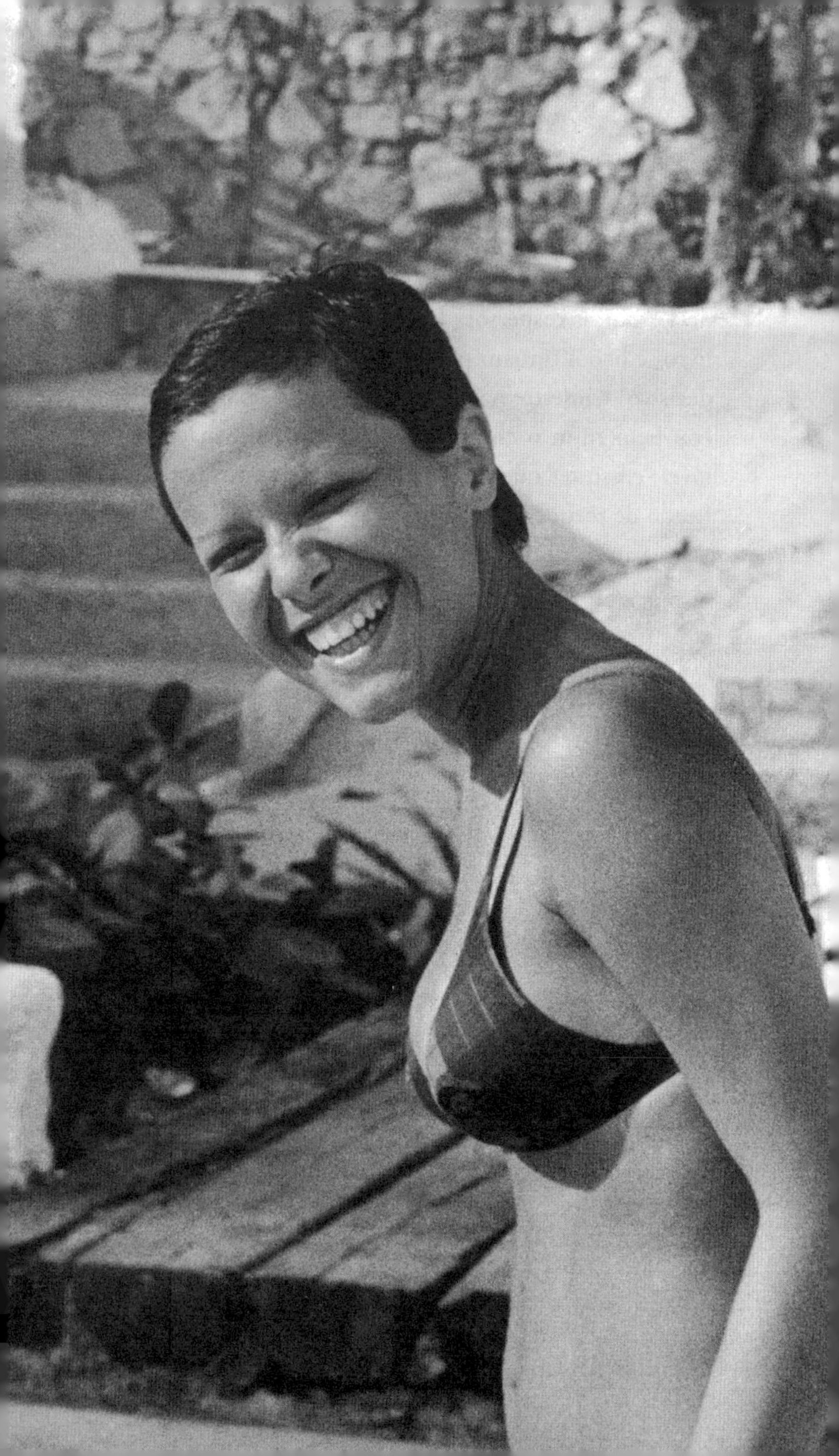

CAPÍTULO 14

1981: NOSSO ÚLTIMO ANO INTEIRINHO JUNTOS

Logo na volta, a missão era alugar uma casa ou apartamento na capital; a serra ficaria talvez como um refúgio pontual. Ou seria vendida. Lembro-me da minha Mãe como uma pessoa desapegada, e isso se manifestava de várias formas. De tempos em tempos, por exemplo, esvaziava os armários e doava peças de roupas ou coisas sem utilidade. Havia a chance de aquela casa deixar muito viva em suas memórias o casamento com Cesar Mariano, um capítulo repleto de conquistas musicais, 2 filhos e muitas histórias emocionais, portanto, seu destino era incerto. Começar de novo é muito difícil; o convívio entre dor e senso de libertação pode desnortear. A busca por equilíbrio através de uma agenda doméstica e a promessa de um novo amor foram importantes, percebo hoje.

Além de um novo lar, buscava uma nova escola pra nós. Havia o Pueri Domus, onde estudei quando menor – parecia a escolha mais provável –, e também o Waldorf, escola antroposófica com princípios propostos pelo filósofo austríaco Rudolf Steiner. Lembro-me de ela sair bem impressionada desta última. Falava das aulas alternativas, de alimentação, um outro sistema de avaliação (só de ter conhecimento da inexistência de provas, já sabia por qual decisão torcer). Depois, fomos ao Pueri Domus. Ela conversou de forma animada com a dona da escola, lembrou das minhas passagens por outras unidades (no Rio, em Botafogo, e em São Paulo, no Jardim Europa). Andamos por toda a propriedade: bosque, classes, laboratórios, cantina, piscina. Pareciam duas amigas batendo papo, falando sobre suas vidas nos últimos anos. E tudo havia crescido bastante.

No carro, voltando pra serra, parecia clara sua decisão: estudaríamos na escola de origem austríaca. Eu, animado pela ausência de provas tradicionais, com notas e avaliações, perguntei quase concluindo: "Vamos estudar no Waldorf, né, Mãe?". Surpreendentemente, ela havia escolhido o Pueri Domus.

Antes de haver tempo pra questionamento, emendou: "O que o Waldorf oferece de melhor vocês já têm em casa. E o mundo é mais parecido com o Pueri Domus". Fiquei pasmado e quieto, pensando.

Nos dias seguintes, ela seguiu visitando casas e apartamentos na capital paulistana. Sentia saudades do Rio, mas já era um dado de nossa vida morar em ambas as cidades. A algumas visitas aos imóveis eu ia junto. Adorava aquele movimento. Ao final, fomos para um apartamento na rua Doutor Melo Alves, nosso último lar juntos.

Lá, logo fiz amizade com os filhos do zelador, embora houvesse uma diferença de idade – os dois adolescentes, Sérgio e Roberto, eram mais velhos e já trabalhavam. A música criou uma grande empatia entre nós. Gostávamos do mesmo tipo de som: Earth, Wind & Fire, Zapp, Kool & The Gang, Funkadelic, D. Train e samba de modo geral. As músicas afro-americanas em inglês eram chamadas simplesmente de "balanço". Gostei do nome. Com eles, fui a vários bailes da Chic Show e adorava dançar em grupo, todos fazendo os mesmos passos. Olhava os seguranças do Fonseca's Gang com muito respeito. Eram gigantes. Foi um período mágico da minha vida, no qual um álbum era um mundo, repleto de fantasias e sons. Jogar bola no prédio ouvindo o rádio ou as fitas gravadas com seleções especiais era o máximo. Um querendo surpreender o outro com alguma música era um jogo excitante.

    Depois de ver o casamento de Elis e Cesar desmoronar definitivamente durante a produção do show *Trem azul*, em meio a um clima pesadíssimo, com sofrimento notável para ambos os lados, difícil recordar quando o Samuel tornou-se namorado da minha Mãe. Gostava tanto dele que o ciúme durou poucos dias. Era o prazo pra digerir a nova informação. Muito amável comigo, parecia um lorde, sempre de gravata, tom de voz pacificador e muito respeitoso tanto com Ronaldo quanto com Cesar – aliás, falam-se até hoje. Nesse mesmo período, os diálogos dela com as amigas ficaram mais abertos diante de mim. Ouvi coisas do tipo: "Se você ficar mais de quatro meses sem transar com seu marido, seu casamento acabou". Ou: "Estou cansada de ser o homem da casa". Coisas assim. Embora possa soar contraditório, quanto mais se tornava humana, real, diante de mim, a cada gesto ou palavra achava estar diante de uma pessoa completamente extraordinária, super-humana. E hoje sei o quão raro é ter uma cabeça tão elevada e um coração tão quente reunidos em alguém. Já li e assisti a centenas de entrevistas de artistas em minha vida; poucas estão no seu patamar. Pensar com emoção é o ápice.

Nesse mesmo ano, fui expulso de casa pela segunda vez. Na ocasião, depois de passar o final de semana na casa de um colega de escola, retornei ao nosso apartamento no domingo à noite. Ela quis saber como tinha sido e eu contei com toda empolgação sobre minha experiência. A cada duas, três informações, ela continuava a ouvir de forma atenta, meio incrédula. "Mãe, a piscina dele tem uma cachoeira; ele tem um *closet* gigante; um fliperama…" E ela dizia: "Um fliperama?". "É, um fliperama. Tem um mordomo só pra ele e um quarto gigante, do tamanho do nosso apartamento…" "Do tamanho do nosso apartamento? Verdade, filho?", questionava. "Verdade. E um perfume de um litro!" Minha Mãe já não estava achando muita graça e o tempo fechou de vez quando falei o sobrenome da família com quem eu havia passado as últimas 48 horas. "Você estava na casa de quem?!" Respondi no volume mais fraco possível. Ela insistiu: "Na casa de quem?!". Nada mais restava além de responder em tom alto e claro. Ela acabou comigo. Disse que eu sabia de onde vinha aquele dinheiro, afinal era o vice-governador de São Paulo. "Você sabe ou é esperto apenas pra aquilo que te convém, João Marcello Bôscoli?" Estava furiosa.

Minha Mãe falou de corrupção, de pessoas morrendo em filas de hospitais e passando fome por causa desse tipo de gente. E não parava. Com firmeza e aquele timbre dado pela natureza, sem gritar, seguia empilhando razões e explicações inesquecíveis. Quando desviei o olhar, ouvi: "Olha pra mim enquanto eu estiver falando com você". Sem escapatórias. Ao final, disse estar decepcionada, não compreender onde havia errado tanto comigo e que naquela casa eu não moraria mais. "Enquanto eu decido o que vou fazer com você, tu ficas no corredor." Quando o sotaque gaúcho vinha... ai, ai, ai. "Podes usar o colchão, as roupas de cama e tomar banho aqui." Achei se tratar do corredor dos quartos. Não era; era o corredor da área comum do prédio. Argumentei ser vergonhoso pra mim e algo mais, porém fui atropelado pela frase: "Vergonha é ter um filho que vai se divertir na casa de um corrupto que rouba de gente que não tem o que comer".

Passei três dias naquela situação. O pior era ela ter ficado sem falar ou olhar pra mim. Foi o maior corretivo da minha vida até então. Na escola, não sabia direito como agir; o final de semana superlativo era o papo da semana entre a molecada, e eu... em outra frequência. Constrangimento e falta de ter com quem comentar meu pequeno calvário. Um dos períodos mais silenciosos e reflexivos da minha vida. Depois de dormir dois dias no corredor, voltei para meu quarto, mas seu silêncio durou cerca de uma semana. As coisas voltaram ao normal e a lição ficou pra sempre.

Era um período diferente pra mim. Pela primeira vez, éramos nós 4 em casa. Não havia a figura do pai ali, morando conosco. Somado ao início da minha adolescência, esse cenário fazia-me sentir o homem da casa, com o desejo de tirar algum possível peso – imaginário ou não – das costas dela. E ainda ter acesso à cabine de controle da nossa vida. É em parte uma ilusão juvenil, mas o fato de minha opinião ser solicitada vez ou outra alimentava esse sentimento.

Quando chegou o final do ano, minha Mãe tomou a decisão de viajarmos todos juntos; os 3 filhos, Samuel e ela. O destino era Foz do Iguaçu e seu entorno. Não sabia como dizer, mas tinha o desejo de viajar com meus amigos, filhos do zelador do meu prédio, para o litoral sul de São Paulo. Parecia mais divertido, eu já estava nas portas da adolescência e era uma aventura tudo aquilo pra mim. Tomei coragem e pedi. Hoje, lembrando, percebi ter sido uma grande surpresa pra ela. Talvez por notar meu crescimento e minha busca por alguma autonomia, talvez por sentir algum tipo de rejeição ou uma mistura de tudo. Ela autorizou minha viagem, pediu pra sua assistente me dar uma quantia em dinheiro vivo e a vida seguiu. Durante minha viagem e o *réveillon* em si, vez ou outra ficava imaginando como seria recebido na volta. Havia sentimentos de todo tipo, desde uma liberdade inédita até uma preocupação de porventura tê-la feito sofrer. Compensava essa sensação com a lembrança de ela estar com Pedro e Maria, além do Samuel. Assim minha alma acalmava-se. Mas tudo estava ali: a alternância de estados de espírito, a distância, os questionamentos internos, um choro leve antes de dormir. Minha sorte foi ter escolhido um grupo com pessoas muito legais, com as quais convivia quase diariamente em São Paulo. A praia, com som alto o dia todo e um calor de rachar. Era sedutora demais aquela liberdade.

Importante
é recuperar o ser para o
próprio ser, na procura da me-
lhoria da qualidade da vida.

Elis

CAPÍTULO 15

OS DIAS DERRADEIROS

De volta do litoral, entrei em casa e fui direto ao meu quarto. Havia presentes sobre minha cama. Fiquei feliz e aliviado. Ela era demais. Se a impressão de ter causado algum mau sentimento ao escolher viajar sozinho fosse real, tinha permanecido no ano anterior. Quando encontrei minha Mãe, demos o abraço mais longo da nossa vida. Fiquei radiante ao reencontrar meus irmãos. Tudo aparentemente nos eixos. Um desfecho perfeito. Lembro-me, em especial, de alguns presentes e do impacto de dois deles em mim. Parece ter acontecido anteontem. Ganhar um relógio e um vidro de perfume foi mais um rito de passagem. Fiquei nas nuvens e, depois, bem introspectivo. Sentia-me entrando em outro mundo. Pelo nível de detalhes das minhas lembranças e pelas transformações vividas ali, esses 2 presentes significaram muito pra mim. Olhando hoje, em retrospectiva, foi um movimento de amor, sabedoria e cumplicidade maternal. Afinal, eu já estava indo às festas da escola, passando o Ano-Novo com a família de amigos, trancando a porta do meu quarto. Havia crescido, enfim. Óbvio. Ela estava ligada e conduziu com arte esse momento. Tornou-o mágico e repleto de significados.

Borrifei o perfume e fiquei olhando a caixa. Já tinha tido algumas colônias, mas aquele era de homem adulto. Na brisa da fragrância, olhei ao redor e constatei: *Eu durmo neste quarto sem o Pedro. Ele dorme no quarto com a Maria.* Foi estranhíssimo. Uma sensação insólita. Eu já estava em transformação e não havia percebido. Primeiro porque dormir em um quarto sozinho e só parar pra pensar nas razões pelas quais não estava mais no mesmo ambiente com meu irmão apenas um ano depois foi impactante e intrigante. Nada dramático. Apenas uma viagem pessoal. Ao destrinchar aquele momento e me lembrar das sensações físicas, parece que o aroma disparou uma chuva de hormônios e eletricidade mental. Confesso ser o que senti. Segundo foi perceber nos cinco anos de diferença entre mim e meu irmão uma distância muito grande. Ele era um menino de 6 anos e eu, um pré-adolescente. Sobre o relógio, creio, era dela. Primeiro porque não me era estranho. Ela tinha ido à Suíça dois anos antes e ele estava em um pacote de presente feito por ela, dentro de um saquinho de feltro. Na hora não pensei em nada disso. Sentia-me forte e mais "adulto" com essas peças. Sua visão sobre meu momento de vida foi muito lúcida. Mesmo já tendo refeito meu contato com Ronaldo, meu pai, era ela o homem e a mulher da casa; consequentemente, cuidava de tudo ao seu alcance. Eu sentia no convívio com Samuel Mac Dowell um certo apaziguamento de espírito. Estava mais calma e serena.

O início do ano teve muitas visitas às casas para alugar ou comprar. A decisão de sair do apartamento da rua Doutor Melo Alves estava tomada. Em muitas vezes ia com ela fazer as visitas. Era uma experiência interessante entrar em um determinado endereço e nos imaginar morando lá. Havia também a premissa de o Samuel ter a casa dele e nós, a nossa. Seus filhos teriam quartos em nossa casa e vice-versa, mas morar sob o mesmo teto em tempo integral parecia ser algo fora de cogitação para ambos. Ouvi essa resolução em conversas dela ao telefone ou com o próprio Samuel.

Durante o aparentemente tranquilo mês de janeiro, o ponto mais sensível era a gravação do próximo álbum sem o Cesar Mariano, depois de uma década de acertos sucessivos. E me lembro de ela não estar completamente satisfeita com as canções recebidas até então. Havia o desejo permanente de descobrir novos compositores e os mais interessantes fizeram-na refletir sobre sua condição humana. Tinha 3 filhos, estava com 36 anos e, como disse em sua última entrevista, temia aproximar-se de uma cena como a Vanguarda Paulistana, por exemplo, e estragar tudo, ofuscar o trabalho de quem estava chegando. "Eu nem sei se eles me querem por perto…", disse. Achei controverso porque, se enviavam material, evidentemente esperavam ser gravados. Todavia, ela preocupava-se em não quebrar a estrutura, a atmosfera desses novos movimentos. Colocou-se em uma espécie de xeque-mate nessa tomada de posição.

A primeira gravação a ser feita dessa fase foi uma versão do clássico compositor latino Armando Manzanero, "Me deixas louca", quase uma volta às suas origens do início de carreira. Eu, pessoalmente, desconfiava de qualquer coisa feita sem o Cesar, e, embora bela e verdadeira, a música parecia uma concessão. Falava de amor, mas também de loucura. André Midani, presidente de duas companhias musicais responsáveis por quase todos os álbuns lançados por ela, declarou certa vez: "Elis morreu quando percebeu não haver mais um grande disco a ser gravado, algo sempre presente na sua trajetória". Faz sentido a teoria vinda de alguém que havia trabalhado com quase todo mundo no Brasil e considerava Elis sua "camisa 10" – ele disse isso pra mim em um programa de entrevistas. Ainda assim, escolher 11, 12 boas músicas e entregar um bom trabalho era algo relativamente simples de ser feito. Mas quem a conhecia sabia ser pouco pra ela. Queria mais. E a evolução da cena musical brasileira naquele momento parecia mais distante dela, dos seus anseios por excelência e frescor. Dias difíceis pra quem "vive" a música, e não "interpreta" música.

Ela mantinha essas questões na esfera íntima, mas eu percebia certa angústia, solidão e preocupação. Minha Mãe ouvia, reouvia, anotava. Chegou a fazer uma letra no auge da busca por canções. Não tinha nada a ver com isso, mas estranhei. Ela tratava bem a palavra e, cantando, dava credibilidade a uma lista de compras de supermercado, mas algo me fazia sentir que essa letra era um chamado de socorro, uma demonstração de fragilidade, entre outras coisas. E o fato de algumas pessoas elogiarem e oferecerem-se rapidamente para colocar música em sua letra era suspeito.

Entre visitas a imóveis, pesquisa de repertório, um novo amor e momentos de muito carinho conosco, seus filhos, aproximava-se o dia da nossa última refeição a sós. Eu e ela, falando amenidades e dando boas risadas. Eram meus últimos momentos ao seu lado. No final do café da manhã, antes de voltar ao seu quarto, me propôs: "Vamos sair juntos hoje à tarde?".

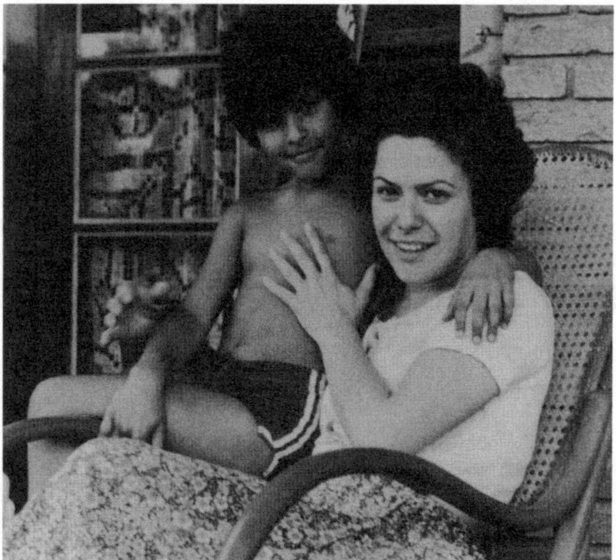

POSFÁCIO

A dinâmica e o sortimento da minha vida em família com minha Mãe determinaram muito sobre minha personalidade. Trabalho pelo conjunto da obra, ouço conselhos de coração aberto e, confesso, respeito, mas não me norteio pela opinião de estranhos. A busca pela unanimidade é enlouquecedora.

Há uma fé renovadora no ser humano, o desejo de busca por novidades, novos estágios e etapas. Alimenta minha alma a noção de cada dia ser um presente e uma possibilidade de mudança para melhor. Depois de a bomba explodir no quarto ao lado, a chance de seguir em frente deu-me força, ímpeto de sempre olhar adiante. Vivem comigo ao lado de cada memória. O amor aos filhos, irmãos, sobrinhos, amigos e ao ofício, cada um ao seu modo e intensidade, também.

Nessas primeiras experiências moram boa parte do meu repertório e instrumentos de sobrevivência. A entrega, a oportunidade de observar e mudar de opinião sobre as coisas, a luta por esse direito, a curiosidade (e necessidade) de conhecer diferentes pontos de vista e diferenças. Aprendi a impossibilidade de ser feliz sozinho e, de forma complementar, consegui estar bem consigo para amar os outros plenamente.

A vivência com ela apresentou-me precocemente os ciclos da vida e a noção de início, meio e fim. Ao perdê-la fisicamente, as lembranças tornaram-se uma espécie de porto seguro emocional, um oráculo, uma bússola que posso, vez ou outra, consultar sobre minhas atitudes, erros e acertos. Claro, muito mais erros do que acertos.

Outra característica permanente em mim é a de sempre achar melhor finalizar no auge ou próximo dele qualquer processo criativo, relação ou fase. Quando fiz isso, sempre foi melhor, por mais doloroso. A vontade de terminar no ápice e o pé atrás com a intimidade compõem minha personalidade. Sei ser apenas uma ilusão de controle e uma fuga da decadência; um jeito de ser, baseado na minha vivência.

Sobre a artista Elis Regina, torna-se difícil falar sem parecer exclusivamente um filho apaixonado. Deixo essa parte para as outras pessoas. Fico ainda hoje pasmado ao perceber sua presença, sua constante redescoberta por novas gerações ao redor do mundo. Tinha medo de ela ser esquecida, como é hábito no Brasil. Sei lá por qual razão, muitas pessoas fundamentais são apagadas de nossa memória coletiva. Contudo, há algo único em Elis. É raro um dia sem uma abordagem, olhar ou palavra a seu respeito. Todas as iniciativas, relançamentos de álbuns, shows, exposições, livros, entrevistas, documentários, séries, montagens teatrais e filmes surpreendem por seus resultados positivos e por sempre haver novas propostas. Desconheço paralelos. Tudo feito com Elis dá frutos. E eu nunca me acostumei ao seu talento, intensidade e amor.

"Rio, 14 de junho de 1971.

João,

Queria era te dizer que te amo, preciso de você. Quero você mais do que tudo que já quis. Queria te dizer também que não sei como é que achava graça nas coisas antes de você surgir, porque eu sinto uma falta incrível de você. Quando não está por perto, os troços pedem o sentido e a razão. Outra coisa que você precisa saber é que você construiu pacas. Você me pegou um bagaço daqueles, me ajeitou, me maneirou, me devolveu a risada do ginásio, criou uma fonte de investimentos em minhas áreas menos desenvolvidas. Negócio maravilhoso sua mão no meu cabelo. A única mão que não me mete medo. Coisa linda seus olhos me olhando sério, me descobrindo até pra mim. Incrível sua boca sorrindo e falando coisas poucas, mas o suficiente para nos entendermos e sabermos que estamos em boas mãos. Quanto eu devo! Não tem o que dê jeito. Você chegou e arrasou, acabou com o baile. S e por ventura eu falhar, se não estiver `a sua altura, Se for menos que você acha que merecia, não me imagine mais do que sou. Tenho tantos problemas quanto você. Não me culpe. Antes, procure me compreender. Sou resultado do que avida fez comigo, inconsciente e inconsequentemente. Saiba, porém, que você foi o único ser com o qual eu não fui inconsciente nem inconsequente. Pensei, medi tudo, apesar de que não sou perfeita. Bem que gostaria de ter sido, mas nunca se consegue, mesmo tentando o máximo. O bacana é que sobra a todos uma vida pra consertar os erros cometidos nesse pouco tempo e, no que depender de mim, creia, me jogo de cabeça e não te deixo em falta. Só quero que a gente sempre fale de frente, sem camuflagem, olho no olho. Esteja certo, eu nunca vou mentir, nem uma mentira piedosa. O que tiver que ser vai ser. Nem que seja ferro em brasa, mas vai. porque o que há de mais bonito é a confiança nos companheiros de briga. Fora dela, não há salvação. É o mínimo que posso fazer de verdade verdadeira com você, que me deu uma concepção nova de vida. Só me falta dizer muito obrigado por você ser tudo o que você é, por ter nascido e por você ter me dado a felicidade de dividir tão intimamente o meu corpo. Sejamos felizes, é o que eu quero. É o que há de ser, meu filho. Sou tua sempre, Mamãe."

O DIÁRIO DE ELIS REGINA 1978

Ainda que se acabe amanhã. Mesmo que dure mais dois dias.
Que é "durar"? Por que "acabar"?
Já que estão postas de lado tantas velharias por que não depor-por de lado velhas palavras, velhas, velhas, velhas formas de expressar as também velhas necessidades de determinar, pelo tempo a intensidade ou a profundidade das coisas que se vive?

"Ainda que se acabe amanhã. Mesmo que dure mais dois dias.

Que é 'durar'? Por que 'acabar'?

Já que estão postas de lado tantas velharias, por que não depor – por de lado velhas palavras, velhas, velhas, velhas formas de expressar as também velhas necessidades de determinar pelo tempo a intensidade ou a profundidade das coisas que se vive?

Por que um ano seria mais importante que um dia?

Quando se sabe que se pretende o bom, por que se andou, incessantemente ~~a~~ e ansiosamente, ~~em~~ em busca do bom, mesmo que, durante a caminhada, as coisas perseguidas, quase com desespero, não tenham sido tão boas ou nada boas, se entende o desejo de perpetuação do estado de graça que nos toma ao depararmos

Por que um ano seria mais importante que um dia? Quando se sabe que se pretende o bom, por que se andou, incessantemente e ansiosamente, em busca do bom, mesmo que, durante a caminhada, as coisas perseguidas, quase com desespero, não tenham sido tão boas ou nada boas, se entende o desejo de perpetuação do estado de graça que nos toma ao depararmos com o que era o sonho. Inteiro, pleno, absoluto.

com o que era o sonho.
Inteiro, pleno, absoluto.
Daí, disso vem a vontade
de ~~farar~~ que não existisse tempo. A vontade
de parar o mundo e a
vida como a gente para
o fotograma quando se
quer ~~~~ um bom
efeito, no melhor de um
filme adorado, que
compramos pra exibir
pra nós num equipa-
mento que manejamos.
 Mas, isso é a vida?
Isso é viver?

Daí, disso vem a vontade de que não existisse tempo. A vontade de parar o mundo e a vida como a gente para o fotograma, quando se quer um bom efeito, no melhor de um filme adorado, que compramos para exibir pra nós, num equipamento que manejamos.

Mas, isso é a vida? Isso é viver?

Não seria melhor um outro modo de pensar e viver essa conquista do direito ao sonho? Ou ser ~~sujet~~ neta sonha- da e ansiosamente perseguida? Mesmo que os motivos de abandonar sonho e perseguição do sonho tentam-nos tantos e tão intensos que só a velha palavra teimosia expliquem tanta insistência?

Prefiro arquivar a teimosia. Prefiro fé. fé no sonho. Crença na possibi-

Não seria melhor um outro modo de pensar e viver essa conquista do direito ao sonho? Ou da meta sonhada e ansiosamente perseguida? Mesmo que os motivos de abandonar o sonho e perseguição do sonho tenham sido tantos e tão intensos que só a velha palavra teimosia explique tanta insistência?

Prefiro arquivar a teimosia. Prefiro fé. Fé no sonho.

lidade da "inteireza" das pessoas. A despeito de tudo, apesar de tudo se pode crer e ter fé". Não só se pode. Se deve. Principalmente, se deve cultivar fé e crença. E se deve, mais que cultivar fé e crença, cultivar o que temos ou tivemos de mais bonito. Nós mesmos. Inteiros, Como quando vivemos nossos primeiros momentos.

E se deve ter a

Crença na possibilidade de 'inteireza' das pessoas. A despeito de tudo, apesar de tudo, se pode crer e ter fé! Não só se pode, se deve.

Principalmente, se deve cultivar fé e crença. E se deve, mais que cultivar fé e crença, cultivar o que temos ou tivemos de mais bonito. Nós mesmos. Inteiros. Como quando vivemos nossos primeiros momentos.

certeza que, por mais singela e curta que seja a boa experiência melhor conhecê-la e vivê-la enquanto ela existir do que gastar uma vida sem sequer haver provado seu sabor.

Aí, pergunta: isso acaba? O que é bom, se extingue?

Por isso, viva a vida. Que enquanto a vivermos inteira e corretamente sempre algo há de sobrar, pra que nada

E se deve ter a certeza que, por mais singela e curta que seja a boa experiência, melhor conhecê-la e vivê-la enquanto ela existir do que gastar uma vida sem sequer haver provado seu sabor.

Aí, pergunto: isso acaba? O que é bom se extingue?

Por isso, viva a vida. Que enquanto a viver mais inteira e corretamente sempre algo há de sobrar, pra que nada deixe de valer e tudo tenha sempre o seu deixe de valer e tudo tenha sempre o seu saudoso gosto de coisa bem ❁ no fundo da boca. Acalentando o hoje e iluminando o futuro.

Passado só vale quando foi bom, bonito gostoso a ponto de valer o hoje e justificar a espera do amanhã.

Pelo que já desfrutei, estou bem, nesse sentido.

Conceitos velhos, velhas

saudoso gosto de coisa bem no fundo da boca. Acalentando o hoje e iluminando o futuro.

Passado só vale quando for bom, bonito, gostoso a ponto de valer o hoje e justificar a espera do amanhã.

Pelo que já desfrutei, estou bem, nesse sentido.

palavras, velhas formas, velharia... Ao lixo, já.-

Conceitos velhos, velhas palavras, velhas formas, velharia... Ao lixo, já."

Acreditamos nos livros

Este livro foi composto em Adobe Garamond Pro e impresso pela Geográfica para a Editora Planeta do Brasil em outubro de 2019.